La nueva soledad de América Latina

LA NUEVA SOLEDAD DE AMÉRICA LATINA

UNA CONVERSACIÓN

RICARDO LAGOS, JORGE G. CASTAÑEDA
Y HÉCTOR AGUILAR CAMÍN

DEBATE

El papel utilizado para la impresión de este libro ha sido fabricado a partir de madera procedente de bosques y plantaciones gestionadas con los más altos estándares ambientales, garantizando una explotación de los recursos sostenible con el medio ambiente y beneficiosa para las personas.

Penguin Random House Grupo Editorial

La nueva soledad de América Latina
Una conversación

Primera edición: septiembre, 2022

ISBN: 978-607-382-102-5

Impreso en México – *Printed in Mexico*

Índice

Presentación

En abril de 2020 recibí una llamada de Ricardo Lagos proponiéndome que hiciéramos un libro, a la manera de una conversación, sobre las crisis del siglo XXI. En particular, sobre la forma como esas crisis habían desacomodado el mundo para América Latina y cómo, al paso de esas crisis, América Latina había perdido forma y relevancia, y estaba inmersa, como región, en un desconcierto que se parecía al silencio frente al mundo, pero silencioso al fin.

Le preocupaba a Lagos que América Latina no tuviera una voz propia en el nuevo mundo, el mundo posterior a la pandemia que se anunciaba ya larga y compleja en aquella primavera del año 2020.

Le preocupaba que no hubiera un lugar donde escuchar voces, un foro donde los gobiernos de América Latina pudieran discutir y acordar soluciones. Le preocupaba la división ideológica de nuestros países, el olvido de las metas del milenio, la débil presencia regional en la inminencia del mundo nuevo que la propia pandemia anunciaba

Lo inquietaban los desafíos que veía surgir para nuestras democracias en la marea del cambio digital, la rapidez con que crecen las demandas ciudadanas en las redes sociales y la lentitud de las instituciones para escucharlas y procesarlas.

Le desconcertaba que se hubieran desdibujado las respuestas a los problemas claves del crecimiento económico, la equidad social y la gobernabilidad democrática.

Todo eso, frente a un mundo que saldría de la pandemia más desigual, con los países soportando distintas proporciones de daño dentro de sus fronteras, sin un rumbo claro de desarrollo a donde mirar.

Y sin siquiera el espacio, otra vez, donde al menos poder discutir salidas para tantos cambios y tanto desconcierto.

Acepté de inmediato su idea, sabiendo que serían su mirada y su experiencia las que conducirían nuestra conversación, y le propuse invitar a nuestro diálogo a Jorge G. Castañeda, que acababa de publicar su libro *Estados Unidos: en la intimidad y a la distancia* y tenía una visión fresca de ese país, referente indispensable para la conversación que buscaba Lagos, y también una zona de incertidumbre pues en aquel momento Estados Unidos luchaba a brazo partido con su doble pandemia del 2020: la sanitaria y Donald Trump.

Empezamos a tener conversaciones por Zoom cada quince o veinte días en julio de 2020, y las sostuvimos hasta abril de 2022.

Lagos hablaba desde su oficina en Santiago; Castañeda, desde su departamento de maestro de New York University, en Manhattan, y yo, desde mi casa en la colonia San Miguel Chapultepec de la Ciudad de México. Hablamos cada quince días, cada diez, cada veinte, sin planear demasiado, dejando que el diálogo se diera sin restricciones ni agendas rígidas.

A partir de la segunda o la tercera conversación empezamos a grabar y a transcribir lo que decíamos. Al poco tiempo teníamos unas setenta mil palabras transcritas, que son la materia prima de este libro.

Una experiencia particularmente aleccionadora de nuestra conversación fue ver cómo la rápida realidad desafiaba continuamente nuestras impresiones, obligándonos a repensar las cosas, en seguimiento de los hechos. Y constatar la profundidad del daño de la pandemia conforme sucedía, al tiempo que nuestros países se replegaban sobre su propia desgracia sin el menor ánimo de reunirse a ver qué podían hacer, pensar, acaso exigir juntos. Con la edición final casi terminada, saltó sobre el mundo la invasión rusa de Ucrania, como si hiciera falta subrayar con un tronido trágico el tamaño de los cambios y los desequilibrios geopolíticos globales acumulados. Abrimos la conversación nuevamente para recoger el hecho y sus enormes reverberaciones.

El modus operandi fue sencillo: conforme se acumulaban las transcripciones, yo fui haciendo sucesivas ediciones buscando que pareciera un solo flujo de diálogo lo que había sido en realidad un intercambio de meses. Luego, cada quien revisó y corrigió sus parlamentos, ampliándolos, reduciéndolos, precisándolos o introduciendo nuevos. El resultado de ese proceso de conversación y edición es este libro que termina dominado por la preocupación que le dio origen: América Latina vive un nuevo periodo de soledad y aislamiento no sólo frente al mundo, sino frente a sí misma, pues está privada de los puentes que necesita para construir una voz propia en la conversación de las naciones.

Quizá la América Latina nunca existió como tal, como una comunidad de naciones integrada, salvo en el plano simbólico, literario, histórico, cultural. Pero quizás está urgida como nunca de tener una existencia tangible en el plano político y diplomático, aunque parezca menos urgida, menos unida y menos consciente que nunca de esa necesidad.

Héctor Aguilar Camín

I. Soledad y división de América Latina

Héctor Aguilar Camín: Decimos, en homenaje a Gabriel García Márquez: "La nueva soledad de América Latina". ¿Por dónde empezamos, Ricardo Lagos?

Ricardo Lagos: Me parece fundamental intentar una reflexión sobre las nuevas condiciones del mundo, o sobre la nueva crisis que enfrenta el mundo. Siempre con el ánimo de pensar qué lugar tiene América Latina en este nuevo mundo. América Latina es, siempre ha sido, digamos, prescindible, para la Historia con mayúscula, y ahora, para el camino de la globalización en su conjunto, parece particularmente "relegable". Ustedes dos me hicieron una entrevista cuando asumí la presidencia de Chile en el año 2000. Conversábamos entonces convencidos de que estábamos en un mundo claramente delineado. El presidente Bill Clinton terminaba sus ocho años en el apogeo, Europa estaba muy clara en lo que estaba haciendo. Por ahí venía una China en ascenso visible. Había un mundo con reglas. Uno podía hablar con cierta seguridad. En América Latina, veníamos de recuperar nuestras democracias. A medida que los países se iban democratizando, se había organizado el Grupo de Río. Y el Grupo de Río funcionaba.

Les cuento una anécdota. Yo presidía el Grupo en 2001, estábamos reunidos y el presidente Fernando de la Rúa de Argentina me dijo: "Les tengo que plantear un problema muy difícil". Hizo entrar entonces a su ministro de Hacienda, que nos explicó el problema obvio: no tenían dinero, necesitaban dinero del Fondo Monetario Internacional. De la Rúa pidió la solidaridad latinoamericana, y los presidentes que estaban ahí reunidos dijeron: "Muy fácil, que el presidente de la reunión, o sea yo, le llame al presidente Bush y resuelva el problema". Yo tenía un asesor, Heraldo Muñoz, que había sido compañero de Condoleezza Rice en la Universidad de Denver. Entonces Condoleezza era nada menos que la Consejera de Seguridad Nacional del presidente George Bush. Le dije a Heraldo que necesitaba hablar con el presidente Bush y Heraldo le habló a Condoleezza Rice. Condoleezza le tomó el teléfono y le dijo: "Tengo que saber de qué se trata, porque el presidente está de vacaciones". Hablé entonces yo con Condoleezza para explicarle y me dijo: "No puedo hablar con el presidente Bush porque está de vacaciones". Yo insistí y le dije: "Perdón que sea tan franco, pero leí en el *New York Times* que el presidente dijo que era una *working vacation*. Por lo tanto, mi llamado telefónico tiene que cargarlo usted al lado del *working* y no al de la *vacation*". Hablé con Bush, que ya había hecho sus consultas y me dijo: "Todos me dicen que Argentina no va a pagar. ¿Tú me estás hablando a nombre de América Latina?". "Claro", respondí. "Están todos los presidentes acá conmigo, y me dieron de plazo hasta mañana sábado". "Bueno", me dice, "hablemos mañana a las siete de la mañana y te doy la respuesta". A las siete de la mañana del día siguiente me dijo que sí, que le iban a prestar el dinero a Argentina. Yo llegué triunfal al Grupo a decir: "Esto resuelve el problema, América Latina habló, el presidente Bush la escuchó y se va a aprobar su préstamo". Y se aprobó.

Aguilar Camín: ¿De cuánto era el préstamo?

Lagos: Aproximadamente de 5 mil millones de dólares, en aquel momento una fortuna. Debo reconocer que el presidente Bush ha sido un caballero porque hasta el día de hoy no me ha echado en cara el préstamo.

Jorge G. Castañeda: Porque Argentina no pagó.

Lagos: No. Pero lo que quiero subrayar es que aquel Grupo de Río funcionaba, cosa que sería imposible hoy. Nadie nos escucharía, porque no hay foros donde hablar y arreglar las crisis. En estos veinte años han ocurrido tres crisis y en cada crisis ha habido algo nuevo. En la primera, con el ataque a las Torres Gemelas, apareció un actor internacional que no conocíamos, un actor con una visión religiosa que no obedecía a un Estado propiamente dicho. Sin embargo, en esa crisis no hubo duda de dónde debía discutirse: en el Consejo de Seguridad de las Naciones Unidas. Todos estuvimos de acuerdo. Me refiero a la primera decisión del presidente Bush de atacar Afganistán. Tuvo unanimidad en la ONU. Los problemas vinieron después, con la invasión de Irak, pero el Consejo de Seguridad seguía diciendo sí o no a la guerra, podíamos tener discusiones adentro, pero había dónde discutir. Cuando llegó la segunda crisis, la financiera de 2008, lo importante fue que el propio presidente Bush reconoció que el G7, el grupo de los países ricos, no daba el ancho para la magnitud del problema. Y llamó a la primera reunión presidencial del G20. España entró "por la ventana", porque el presidente Nicolas Sarkozy dijo que él tenía dos sombreros, el de presidente de Francia y el de la Unión Europea, de la que era presidente rotativo. Y como tenía dos sombreros, debía tener dos asientos y el asiento de Francia se lo iba a dar a España. Así entró España al grupo de las veinte economías más grandes, sin ser una de ellas. También entró por primera vez América Latina, con tres asientos:

México, Brasil y Argentina. Es decir, que en la crisis del 2008 hubo también reglas y foro donde discutirlas. La comunidad internacional se ajustó al G20 para discutir y resolver la crisis. En comparación con estas crisis globales previas, la de la pandemia en que seguimos estando nos planteó una situación mucho más compleja. Es la más grande de estos años y ha tenido un desarrollo que nadie imaginó. Sobre todo, no hubo ni hay lugar donde discutirla y donde decidir juntos. Claro, la primera lección a aprender es de humildad. Nos creemos todopoderosos porque vamos a llegar a la Luna; los chinos y los americanos mandan una sonda a Marte, pero un virus invisible nos mandó a todos a la cuarentena. La situación nos invita a una mirada autocrítica de América Latina. ¿Hacia dónde puede mirar América Latina en estos momentos? Primero: ¿hacia dónde está mirando? Bueno, básicamente cada país se está mirando el ombligo y eso es muy mala idea, porque ninguno de nuestros países es capaz por sí mismo de resolver sus problemas. Hubo un momento, a principios del siglo, como he contado, en que tomábamos el teléfono y hablábamos juntos con el presidente de Estados Unidos. Hoy no hablamos ni siquiera entre nosotros y enfrentamos nuevos desafíos, no sólo la persistente pandemia, sino el efecto de la inflación y la guerra en Ucrania, que nos impacta en lo cotidiano, como el costo de la vida.

Aguilar Camín: ¿Cómo llegamos aquí?

Lagos: Todo tiene su historia. El Grupo de Río fue un momento de convergencia, como he dicho antes: llegó la democracia a Brasil, con el presidente José Sarney, y a la Argentina con el presidente Raúl Alfonsín. Se juntaron los presidentes democráticos por primera vez y le llamaron a eso Grupo de Río. A este grupo se incorporó México, que nadie discutía entonces que tenía un sistema democrático —disminuido por el dedazo de cada seis años, pero, comparando con nuestras dictaduras del sur, nadie iba a discutir que había un sistema democrático en México—. A medida que los países del cono sur se fueron democratizando, se fueron incorporando al Grupo de Río. Luego del plebiscito de 1988 contra Augusto Pinochet en Chile, nos consideraron a los chilenos como parte de ese grupo. Aquel Grupo de Río tenía influencia y marcaba un rumbo. Cuando en 1985 Uruguay eligió a Julio Sanguinetti como presidente, me acuerdo haber sido invitado a la trasmisión del mando, siendo solamente un opositor a Pinochet. Era un reconocimiento tácito de que el elemento articulador de aquel foro naciente era el respeto al sistema democrático, como lo entendíamos en ese momento: fin de las dictaduras, elecciones, división de poderes. El criterio democrático articuló a los gobernantes latinoamericanos, orgullosos de haber recuperado la democracia. Nunca se nos ocurrió entonces que, dentro del Grupo de Río, había ideologías distintas, unos más a la izquierda, otros más a la derecha. Las diferencias surgieron cuando se empezó a politizar la política exterior, cosa que sucedió después, poco a poco. Durante mucho tiempo estuvo claro que era muy difícil que un país como Cuba entrara al Grupo de Río. México y Brasil hacían la articulación básica porque eran los países económicamente más grandes. México, además, por su relación especial de tres mil kilómetros de frontera con Estados Unidos. Brasil, por su simple tamaño, por su peso histórico. No es casualidad que ya en 1945 Brasil estuviera a punto de entrar al Consejo de Seguridad de la ONU. Lo echó fuera la URSS, que lo consideraba un peón de Estados Unidos. Los demás estaban de acuerdo. Brasil había enviado soldados a la guerra, tenía credenciales para estar ahí. Le otorgaron entonces un reconocimiento simbólico, que fue ser el primer orador: "Usted va a fijar la tabla", le dijeron.

Volviendo al Grupo de Río, lo concreto es que Brasil y México ordenaban el curso y entendían que no había que entrar en el tema ideológico. El tema ideológico empezó a permear en este siglo con la llegada de Hugo Chávez a Venezuela. Antes, había permeado sólo el tema geopolítico, del que surgió la idea de crear UNASUR. ¿Qué es UNASUR? Digámoslo francamente: es el deseo de Itamaraty, la cancillería brasileña, de separar el norte del sur en América Latina. Brasil quería ser el número uno en América Latina y entendía que había una división del norte por el peso de México. Yo empecé a percibir esto cuando me invitaron, como presidente de Chile, a celebrar los quinientos años de la llegada de los portugueses a Brasil. Vi que entre los invitados no estaba México. Le llamé a Fernando Henrique Cardoso, el presidente brasileño entonces, y me dijo: "No, porque esto es de América del Sur". Al final aceptaron que fuera algún representante de México, no el presidente electo entonces, Vicente Fox, sino un representante. Y vino Jorge Castañeda, que aquí está y puede dar fe. Llegó a la reunión como representante del futuro presidente, y lo sentaron un poquito más atrás, en la sala de reuniones en Brasilia.

Castañeda: Bastante atrasito.

Lagos: Después de eso vino algo sorpresivo. Se había hablado mucho durante la reunión de los problemas de infraestructura. Al final, con la mayor naturalidad, creo que fue Cardoso quien preguntó dónde sería la siguiente reunión para seguir hablando de infraestructura. Es decir, de carreteras, puentes, puertos, ductos, cosas que nos iban a unir físicamente. Para ese momento quedó claro que estábamos hablando sólo de América del Sur. Ahí llegó la frase famosa del presidente uruguayo Luis Lacalle, quien dijo: "A mí me invitaron a celebrar un bautizo, los quinientos años de Brasil, y ahora me están invitando a un matrimonio. Ésta es una propuesta de matrimonio: el año próximo celebramos el matrimonio". Levantó la mano el presidente de Ecuador y dijo: "Nos juntamos en Ecuador". Puede decirse que ahí surgió UNASUR: en la idea de separar geopolíticamente el sur de América Latina, con Brasil a la cabeza, del norte: México y Centroamérica. Cuando llegó Chávez a UNASUR, el discurso empezó a ir más allá de la infraestructura, hacia una visión ideológica de lo que debíamos buscar, bajo la premisa de que América del Norte estaba ya configurada y a ella pertenecían México y Centroamérica.

Aguilar Camín: Desde la época de Carlos Salinas en México y Fernando Collor de Mello en Brasil había en Itamaraty la idea-fuerza de que México era Norteamérica, no América Latina. En los círculos académicos y políticos de Brasil estaba el mantra: Ustedes los mexicanos no son latinoamericanos, son norteamericanos. En algo tenían razón, éramos más norteamericanos que sudamericanos. Déjenme contar una historia que explica un poco la razones estratégicas de México para ir hacia la América del Norte, más que hacia la América del Sur. En el 89, con la caída del muro de Berlín, el presidente Salinas fue a la cumbre de Davos y llegó ahí a la conclusión de que México necesitaba subirse a alguno de los grandes bloques capitalistas de Occidente. Entonces esos bloques eran Japón y el Pacífico, Europa y Estados Unidos como potencia dominante global y como eje de América del Norte. Salinas quería encontrar en Europa un espacio donde insertar a México. No encontró nada en Davos. Ese mismo año fue a París a la celebración del Bicentenario de la Revolución y ahí habló con todo mundo, pero hubo una conversación clave, según contaba él mismo, con Margaret Thatcher, entonces primera ministra de Gran Bretaña. La señora Thatcher le dijo: "Presidente, usted anda buscando muy lejos de su casa una solución que tiene a la puerta de su casa. Vaya usted y toque la puerta de los Estados Unidos porque aquí, a nosotros, en Europa, no nos va a interesar por mucho tiempo nada que no sea el este de Europa. Europa del Este va a ser nuestra única preocupación". De regreso de ese viaje, en el avión, Salinas reunió a sus invitados, entre ellos unos escritores y periodistas como yo, y dijo que había decidido tocar la puerta del vecino, porque México no podía quedarse fuera del alineamiento en bloques de la economía mundial. Y mandó a su secretario de Comercio, Jaime Serra, y a su jefe de gabinete, José Córdoba, a tocarle la puerta al entonces secretario del Tesoro de Estados Unidos, Nicholas Brady, para preguntarle cómo vería Washington la posibilidad de un tratado de libre comercio con México y con Canadá. Es fama, probablemente inexacta, como todas las famas, que el secretario Brady se sorprendió primero, pero luego dijo: "Entiendo que este acuerdo incluiría la energía, es decir, el petróleo". Le contestaron que sí, siempre y cuando se incluyera también el mercado de trabajo, es decir la migración indocumentada mexicana. Brady habría dicho: "Eso es innegociable políticamente con el Congreso de mi país". Serra y Córdoba le habrían respondido: "Pues lo del petróleo y la energía son temas innegociables también en México". Es fama, repito, que ese fue el primer acuerdo de fondo: dejar fuera del acuerdo, lo que sería después el NAFTA, la energía y el petróleo, y dejar fuera también la mano de obra y la migración. Jorge Castañeda fue un crítico público de aquel acuerdo precisamente porque dejaba fuera estas cosas. Tenía en gran parte razón, lo fundamental para México, desde el punto de vista humano, eran y siguen siendo los millones de migrantes, de trabajadores ilegales en Estados Unidos. Pero aquel fue el acuerdo: a cambio de no tocar el tabú petrolero mexicano, se acordó no tocar el tabú migratorio estadounidense. Fue la primera decisión estructural hacia el NAFTA. Seis años después, Fox y el propio Castañeda intentaron, digamos, "completar" el NAFTA.

Castañeda: Sí, a partir del año 2000, el gobierno de Vicente Fox tuvo la iniciativa, interrumpida por el ataque a las Torres Gemelas, de cerrar el círculo del NAFTA con una agenda más amplia de integración mexicana a Norteamérica. Había dos ideas ahí. La primera era llevar el NAFTA a esquemas propios de una comunidad económica de América del Norte, incorporando lo que se había quedado fuera del NAFTA: los temas de energía, migración, instituciones permanentes, medio ambiente, integración fronteriza. También el financiamiento de los países ricos, Canadá y Estados Unidos, hacia México, a la manera de la Unión Europea. Esto se vino abajo por varias razones. Primero, porque teníamos dos o tres buenas ideas, pero no habíamos hecho la tarea, una tarea que no podíamos arrancar nosotros solos. Segundo, porque los canadienses siempre fueron renuentes, más que Estados Unidos. Me acuerdo lo que me dijo el entonces viceprimer ministro de Canadá, el segundo de Jean Chrétien, también ministro de Relaciones: "Mire, nosotros no vamos a contaminar nuestra frontera con Estados Unidos con la de ustedes". Tercero, porque después del 11 de septiembre el presidente Bush no estaba en condiciones de hablar de nada estratégico que no fueran Osama bin Laden e Irak.

Aguilar Camín: Pero el presidente Bush había estado muy abierto a la idea.

Castañeda: Bush estaba muy abierto, por muchas razones. Como exgobernador de Texas comprendía muy bien el asunto. Entendía la integración de Texas con México y le gustaba la idea. Los canadienses no, pero Bush sí. Con la buena disposición de Bush hubiéramos podido avanzar, pero no después de las Torres Gemelas. Ahora bien, es obvio, por las diferencias económicas de integración a la economía mundial entre México y Centroamérica, por un lado, y América del Sur, por el otro, que donde los mexicanos podíamos ser latinoamericanos era en lo político, abanderando causas a las que los sudamericanos habían llegado antes, como la democracia y los derechos humanos, en una perspectiva multilateral. Parte de eso explica el trabajo tan estrecho que se hizo entonces en el Consejo de Seguridad de las Naciones Unidas entre México y Chile. O la manera como votamos juntos, México y Chile, en Ginebra sobre el tema de Cuba, que tanto nos cobró la diplomacia cubana. Todo eso venía de la ola de la recuperación democrática sudamericana de los años ochenta, con Sarney y Alfonsín, que dio paso luego a Julio María Sanguinetti en Uruguay, a Patricio Aylwin, a Eduardo Frei Ruiz-Tagle y, sobre todo, a Ricardo Lagos en Chile. Funcionó en una lógica de convergencias democráticas, efectivamente, hasta la llegada de Chávez. Un momento clave fue cuando Chávez se opuso a la creación del ALCA, el Acuerdo de Libre Comercio de las Américas, una idea de Clinton, y propuso en cambio el ALBA, la Alianza Bolivariana para los Pueblos de Nuestra América, que excluyó a Estados Unidos. Chávez ganó el rechazo al ALCA y el apoyo a la creación del ALBA, pero a costa de ideologizar las relaciones internacionales de América Latina.

Lagos: Chávez nunca quiso el ALCA y eso determinó la ruptura final. Cuando yo iba de salida de la presidencia hubo una reunión en Mar del Plata con el presidente Bush. Y antes de la reunión hubo una cena. Me invitaron a la mesa en que estaban Bush y el dueño de casa, Néstor Kirchner. Fue una reunión muy amigable, todos estábamos en el entendido de que al día siguiente se le iba a dar el sí al ALCA, pero al día siguiente no hubo espacio para el ALCA. En la ronda de discursos se produjo la ruptura. La diatriba de Chávez contra el ALCA fue brutal. Hablaron luego otros presidentes, dando pasitos todos hacia la misma posición. Al final, Kirchner estuvo a favor de la posición de Chávez, y también Luiz Inácio Lula da Silva, de modo muy elegante. Bush no se quitó los auriculares de la traducción en ningún momento, no sé si había cortado el volumen, pero se quedó con los auriculares puestos, siguiendo la traducción. Se fue indignado de la reunión. Me contaron que al llegar a su avión dijo: "¿Por qué me trajeron a esta ratonera?". Él suponía que había hecho el viaje para cerrar la firma del ALCA y se le impusieron los que estaban en contra.

Castañeda: Fue un momento absolutamente decisivo. Ya estaba en el poder el Frente Amplio en Uruguay, más discreto, más cuidadoso, pero en la misma línea; Evo Morales gobernaba en Bolivia. El ALBA surge como una oposición a la integración económica continental, pero rápidamente se vuelve una bandera política casi antiimperialista. México, ya con el presidente Felipe Calderón, se volvió poco después abanderado de lo que ahora se llama CELAC, Comunidad de Estados Latinoamericanos y Caribeños, con la idea de meter a Cuba al Grupo de Río, manteniendo fuera a Estados Unidos y a Canadá. Es decir: una OEA con Cuba, pero sin Estados Unidos y Canadá. El gobierno mexicano no entendió que los brasileños iban a seguir con UNASUR de todas maneras, y que al meter a Cuba en la jugada suprimía la vocación democrática del Grupo de Río. Así fue. Entre el ALBA, la CELAC y UNASUR se ideologizó y se fragmentó por completo la política exterior latinoamericana. Ha sido imposible, en adelante, que América Latina se una en torno a las banderas de la democracia, los derechos humanos, el multilateralismo. Los intereses encontrados se manifiestan muy rápidamente. Desde lo más simple y menos importante, por ejemplo: si va a haber una reforma del Consejo de Seguridad de las Naciones Unidas, ¿a quién le va a tocar el puesto latinoamericano, a Brasil o a México? Hasta lo más importante: asumir la bandera común de la democracia, los derechos humanos, el multilateralismo, incluso del cambio climático. Imposible. Las cosas se descompusieron muy rápido, hasta llegar a donde estamos hoy.

Lagos: Ideologizar la política exterior de las comunidades de Latinoamérica fue un gravísimo error.

Aguilar Camín: ¿Cuál fue la lógica de la solidaridad diplomática de México con Cuba? ¿Por qué le interesaba esa estrategia al presidente Calderón? No era precisamente un hombre de izquierda.

Castañeda: Fueron varios factores. Uno importante fue la rivalidad tradicional de Tlatelolco (México) y de Itamaraty (Brasil). Patricia Espinoza, que era la secretaria de Relaciones Exteriores de México, tenía muy metida en la cabeza, como toda la gente del Servicio Exterior Mexicano, con muy pocas excepciones, la idea de que la rivalidad entre Brasil y México era un pleito obligado. Cuando los brasileños empiezan a coquetear con la idea de UNASUR, Tlatelolco, que ya no estaba en la plaza de Tlatelolco, pero se le seguía diciendo así, decide neutralizar a los brasileños, creando el otro foro de CELAC con los cubanos. Pensaban, creo que un poco ingenuamente, que los cubanos iban a ser más amigos de México que de Lula, cosa que no podía suceder. Un segundo elemento fue que Calderón siempre tuvo una cierta simpatía nostálgica, juvenil, digamos, por Cuba, yo creo que honestamente. Me imagino, por último, que Calderón debe haber pensado que le podía servir a México una agrupación de países puramente latinoamericanos, que los incluyera a todos, para que América Latina apoyara a México en sus temas bilaterales con Estados Unidos, por ejemplo, en el combate a las drogas. Calderón no vio bien lo que implicaba la ideologización de la política exterior y la CELAC. No era un tema puramente de intereses geopolíticos; tenía un tufo ideológico muy marcado. Para algunos, incluso, la parte ideológica era más importante que la geopolítica. Tal vez no para Lula, pero sí para gente como Evo Morales en Bolivia, Rafael Correa en Ecuador, desde luego Chávez en Venezuela, hasta los uruguayos.

Para todos ellos la parte ideológica del antiimperialismo contaba más que la construcción de una voz latinoamericana incluyente.

Aguilar Camín: ¿Qué buscaban los cubanos?

Castañeda: Creo que después del intento de golpe contra Chávez en el 2002 y el fracaso de la huelga de PDVSA a finales del 2002, principios de 2003, los cubanos decidieron que su prioridad era proteger a Chávez y crearle el mayor espacio latinoamericano posible, de defensa diplomática, junto con una mayor presencia cubana dentro de Venezuela, para darle seguridad, inteligencia política y contención social. Se da entonces un cambio muy importante en el continente a partir de 2003. Van llegando al poder los nuevos dirigentes de izquierda, la llamada *marea rosa* de América Latina. Lula llega a fines de 2002, toma posesión el primero de enero de 2003. Después llega Evo Morales, luego llega el Frente Amplio a Uruguay, con Tabaré Vázquez. En el 2006, llega Correa. También en el 2006, Michelle Bachelet sucede al presidente Lagos en Chile y se inclina más hacia el ALBA. Este contexto hace que, en efecto, los cubanos logren armar un escudo de protección a Chávez, con mucha habilidad diplomática. Fidel empezaba a estar enfermo. Su último viaje es en el año 2006 a Buenos Aires, cuando va a Córdoba a visitar Altagracia, el lugar donde nació el Che Guevara y donde hay una estatua suya. Se enferma en el vuelo de regreso de Buenos Aires a La Habana y ya no vuelve a aparecer dirigiendo los asuntos de gobierno en Cuba. Pero ya había armado lo esencial, que era este escudo protector, diplomático e interno, para Chávez a partir del golpe de 2002 y de la huelga fracasada de 2003. Todo esto coincidió, repito, con la llegada de la marea rosa, que le tenía simpatía a Chávez, porque no era claro en ese momento todavía quién era Chávez. Era lógico que incluso alguien como la presidenta Michelle Bachelet le tuviera cierta simpatía. No había elementos para saber demasiado.

Lagos: Hay un elemento previo a todo esto, desde luego, que es la crisis de la URSS de 1989. Cuba la pasa muy mal en el 91, 92, 93 y tiene que buscar a sus amigos de América Latina. Porque Rusia, cuando Vladimir Putin asciende, está en una crisis económica grave y tampoco puede ayudar. Cuando se produce en América Latina la marea rosa, el *boom* de las *commodities* permite ayudar a los cubanos. De ahí el propósito cubano de proteger a Chávez, porque Chávez para ese momento tiene una chequera grande. Cuba se da cuenta de que su subsistencia pasa a depender de la chequera de Venezuela, y yo creo que eso también incide para que se genere el ALBA.

Castañeda: La historia de Cuba frente a América Latina y frente a la izquierda latinoamericana es una pieza clave en todo esto. Joaquín Villalobos hizo un recuento desde dentro, de cómo lo vivió él, en la revista *Nexos* en julio y agosto de 2020. Villalobos fue entendiendo poco a poco, y lo narra en el texto, cómo Fidel usó a las guerrillas en los años sesenta, luego a los movimientos más amplios en los años ochenta, luego al Foro de São Paulo en los años noventa para defender a su régimen. Todos eran frentes de defensa de la Revolución Cubana.

El *boom* de las *commodities* es clave, y China es el factor clave de ese *boom*. China compra en todas partes. Sucede igual con las exportaciones de hierro, de soya, de petróleo o de cobre en Perú, en Bolivia, en Argentina y en Brasil. Es un fenómeno integral: el *boom* de las *commodities*, la demanda insaciable de China, la predisposición de los gobernantes de América Latina, frente a Estados Unidos, a un no alineamiento, por lo menos comercial. Todo eso se conjuga en la primera década del siglo para reequilibrar el comercio exterior de los países del Cono Sur. También están las inversiones de China. Es un cambio enorme que se da por ahí de 2005 y 2006 y va a durar hasta 2014 o 2015. Cuando termina el *boom* económico de las *commodities*, termina también, paso a paso, la marea rosa política. No sabemos qué va a acontecer con lo que queda de todo eso frente a un gobierno demócrata sensato en Estados Unidos, como el de Joe Biden. Pero podemos estar seguros de que, dentro de esa sensatez, Estados Unidos igual va a defender sus intereses en el continente. La rivalidad entre China y Estados Unidos no desaparece con la salida de Donald Trump. Parece ser incluso más intensa con Biden y los demócratas, quienes también ven en China a un rival de temer, complicado, difícil de acomodar dentro de su esquema tradicional de rivalidades hegemónicas, en la lógica de la vieja Guerra Fría. Ésta es, en todo caso, una especie de "nueva Guerra Fría", con todas las diferencias evidentes y que obligan a utilizar el término con prudencia. Por ahora carece de cariz ideológico, se centra en lo económico, y, por otro lado, existe una integración financiera, comercial y tecnológica mucho más fuerte entre Estados Unidos y China, que la que había entre Estados Unidos y la URSS.

Lagos: Sí, entiendo en esa lógica a António Guterres, el secretario de la ONU, preocupado por adaptar a la ONU a la nueva realidad mundial. Guterres ve que, si las cosas no cambian, estas dos potencias están en un curso de enfrentamiento más que de convergencia. Y entonces, claro, el resto de los países pasamos a ser simplemente observadores de la forma como estos dos gigantes se disputan la primacía en el mundo.

Aguilar Camín: Éste es un tema central y volveremos a él, pero antes hubo otro momento interesante de la posible integración de América Latina con el mundo. Fue la Alianza del Pacífico —aunque lo que hizo esta alianza no fue muy incluyente—. Lo que hizo fue rodear, evitar a la América Latina de izquierda, a los países de la marea rosa, y concentrarse en los otros: México, Chile, Perú, Colombia. Era un diseño que estaba reconociendo en los hechos la división sembrada en la primera década del siglo XXI.

Lagos: Bueno, era una alianza enfocada en el sentido de que esos cuatro países tenían una política de apertura hacia el mundo. Desde ese punto de vista, si los cuatro tenían ya una política de apertura, ¿por qué no aprovechar su alianza para incidir en otros organismos, la OMC por ejemplo, que tenía menor influencia? Y también se pensó que la Alianza del Pacífico podía ser importante para llegar a un acuerdo con MERCOSUR, y a partir de ahí lograr un entendimiento más global. Pero digámoslo francamente, MERCOSUR estaba ya a esas alturas un poco complicado por la relación de Argentina y Brasil, porque Brasil estaba creciendo mucho más que Argentina, comprando muchas de las industrias de Argentina, fuese por la política económica del gobierno argentino, fuese por la agresividad comercial de los amigos brasileños. No obstante, hubo un intento de acercar la Alianza del Pacífico y MERCOSUR. Pero entonces apareció Chávez otra vez, porque el MERCOSUR, violentando todas las normas, había incorporado de facto a Hugo Chávez. Digo de facto, en el sentido de que aquello se hizo por fuera de las reglas acordadas. En el MERCOSUR todos los miembros debían tener la misma política arancelaria que los cuatro países fundadores, y Venezuela no las tenía. Yo siempre solicité que Chile pudiera entrar al MERCOSUR, pero que no me pusieran la obligación de la misma política arancelaria, porque Chile tenía aranceles del 6% como máximo, y MERCOSUR tenía aranceles del 14. Yo decía: "Déjennos ser miembro pleno y vayan acercándose a los aranceles chilenos". Nunca se logró. El entendimiento de la Alianza del Pacífico y MERCOSUR habría resuelto buena parte del proceso de integración en América Latina.

Castañeda: El problema con la Alianza del Pacífico es que sus integrantes nunca quisieron que hubiera una verdadera conversación política. Me da la impresión de que a propósito dijeron: "Vamos a hablar de todo, de visas, del clima, de intercambios culturales, pero no de política". Lo cual, al principio, cuando Álvaro Uribe era presidente de Colombia, se entendía, y también en el tiempo que estuvo Sebastián Piñera. Pero al final del día no tenía mucho sentido ese agrupamiento si no era para *discutir*, por lo menos, temas políticos. A lo mejor no para ponerse de acuerdo ni para emitir comunicados políticos, pero al menos para hablar. Como ya sabían que entre ellos mismos estaba ideologizada la cosa, y que no se iban a poner de acuerdo, sobre todo en temas como Venezuela, pues prefirieron silenciar la política. Por lo demás, coincido en que, a partir de 2005, el que vino a interrumpir la comunicación que ya había, incluso entre gente que no necesariamente tenía una ideología o una historia personal parecida, fue Chávez. Chávez politizó y dividió a la región en ALBA y los otros, entre el eje del bien y el eje del mal. Insultaba o estigmatizaba a sus pares en sus discursos. Y cuando insultas a uno en público después es muy difícil sostener una conversación cordial en privado; se pierde la confianza. Gente sensata dejó de hablarse por la pérdida de confianza. Esa ruptura en gran medida la generó Chávez, y no se ha recompuesto.

Lagos: Sin duda alguna Chávez introdujo en la política exterior una definición ideológica. Y usted no puede tener en la política exterior una definición ideológica porque tiene que aceptar que cada país tiene sus propias realidades. Yo tengo que aceptar cuando tengo relaciones con México que estoy a miles de kilómetros de distancia del número uno del mundo, y que México tiene tres mil kilómetros de frontera con el número uno del mundo. Por lo tanto, si yo tengo una dificultad con el número uno, mi forma de relacionarme va a ser distinta de la que tiene el presidente mexicano, y si no soy capaz de comprender esto, entonces no estoy a la altura de ser presidente. Es indispensable que cada quien se ponga en los zapatos del otro para comprenderlo. Si a eso, que no es fácil, le agregamos el elemento ideológico en la política exterior, entonces no hay salida. Porque hay que tener claro que, en materia de política exterior, no es que me guste una política más de izquierda o de derecha. Debo tener una política exterior de acuerdo con las necesidades de mi país y esas necesidades están en función de las características de mi país. Cuando se planteó el diferendo de Chile en 2003 con el presidente Bush por la represalia a Irak, me acuerdo que le planteé al presidente Fox: "Presidente, yo entiendo que usted debe tener una relación con Estados Unidos un poco distinta que la mía; entonces yo voy a entender perfectamente cuando usted me diga que va a cambiar de opinión, lo único que le pido es que me lo diga unas 24 horas antes, para yo saber cómo arreglo mi montura". Bueno, trabajamos conjuntamente hasta el final, hasta que dijimos que no. Si queremos hablar los latinoamericanos para que nos escuche el resto del mundo, tiene que haber una capacidad de comprensión entre nosotros. Lo que hemos hecho últimamente no es eso. Por ejemplo, en 2020, en el caso del BID dábamos por descontado que el candidato iba ser latinoamericano y empezamos a discutir entre nosotros quién sería. Y mientras estábamos en eso, Estados Unidos dijo: "Yo no creo este cuento de que tiene que ser latinoamericano", y rompió acuerdos expresos, puso a su candidato y la región no fue capaz de responder. No quiero hacer ningún juicio de valor, pero ahí había un problema de dignidad debida: la posición era para un funcionario latinoamericano por tradición, por respeto implícito a la mayoría. Yo estoy totalmente de acuerdo en que Estados Unidos pueda decir: "Quiero revisar este entendimiento, ustedes demostraron que manejaron bien el banco, no hay ninguna razón para que no lo pueda manejar alguien de Estados Unidos". Bueno, conversémoslo. Pero no ser notificados unilateralmente, como ocurrió. Perdido el pleito, algunos pensaron en llevar el tema a la justicia de Estados Unidos, porque el acuerdo habría sido ilegal. Todo eso era ya consecuencia de una América Latina donde cada uno anda por su cuenta.

Castañeda: La ideología intervino mucho. Estados Unidos se acercó a los mexicanos, a Santiago Levy en Washington, y a Marcelo Ebrard, el canciller de Andrés Manuel López Obrador, y a Julio Scherer, entonces consejero jurídico de la presidencia en México, para decirles que, si México presentaba una candidatura, Estados Unidos la apoyaría: a Santiago Levy, quien fue vicepresidente del BID, director del Seguro Social con Fox y subsecretario de egresos con Ernesto Zedillo, o a Alejandro Werner, entonces director para América Latina del FMI. El presidente López Obrador contestó que no, que México iba a proponer a Alicia Bárcena, de la CEPAL, o a Graciela Márquez, entonces secretaria de Economía de México. En ambos casos, mujeres muy inteligentes y competentes, pero de izquierda, ideológicamente hablando. Estados Unidos dijo que no. Al parecer había una disposición de Estados Unidos a buscar una salida latinoamericana aceptable para todos, y por razones ideológicas López Obrador no la aceptó. Ya con Biden, se sospechó que Washington compartía la disposición de quitar a Mauricio Claver-Carone, si México, Brasil o Argentina lo pedían; hasta mediados del 2022, ninguno se había atrevido. La ideologización de la política exterior latinoamericana sigue hasta la fecha, ahora con México de modo activo. Un ejemplo: en octubre de 2020 se sometió a votación en el Consejo de Derechos Humanos en Ginebra la decisión de prolongar por dos años la misión de investigación en Venezuela. Todos votaron a favor, incluyendo la Argentina de Alberto Fernández, pero México se abstuvo. Es un síntoma: ni siquiera México y Argentina, que en teoría son "aliados estratégicos", *whatever that means*, pueden ponerse de acuerdo en un foro internacional.

Asimismo, los gobiernos de México y Argentina, han buscado por todas las vías cómo remover a Luis Almagro, secretario general de la OEA, sin éxito. La ideologización funciona al revés en este caso. Ni Chile, ni Colombia ni Brasil se han prestado a la maniobra mexicano-argentina.

Aguilar Camín: La línea ideológica es muy persistente. Ya se fue Chávez pero el trazo ideológico persiste entre los países de América Latina. Con una retórica menos alegre, pero los alineamientos ideológicos siguen ahí. Un hombre como Alberto Fernández, un peronista moderado, muy consciente de las equivocaciones del segundo gobierno de Cristina Fernández: polarizar, no incorporar la diversidad política de la Argentina, llega al poder y decide establecer su propia manera de intolerancia respecto de nada menos que Brasil. Dice: "Este señor Jair Bolsonaro que creció destruyendo a Lula, no puede ser mi interlocutor". Debajo de esa decisión, uno puede sentir todavía el fuego del momento en que América Latina se incendió con Hugo Chávez. El pleito sigue flotando con vida propia. También en México sigue flotando. O ha empezado a flotar. La negativa de López Obrador a Santiago Levy o a Werner, es una forma de desconfianza a lo que él llamaría funcionarios neoliberales. Y su posición de rechazo a la Cumbre de las Américas, no se diga. Todo el discurso de López Obrador contra el neoliberalismo tiene un eco de la marea rosa, pertenece a ese tipo de discurso polarizante de *ustedes* y *nosotros*. Bueno, en Bolsonaro hay una polaridad semejante, pero al revés: desde la derecha contra la izquierda, lo que quiere es acabar con todo vestigio de Lula y de Hugo Chávez en Brasil, montado en una intolerancia ideológica equidistante. Entonces, los dos países grandes de América Latina, México y Brasil, de alguna manera vienen de esa matriz del pleito ideológico sembrado en la primera década del siglo en América Latina. No hay espacio para la conciliación: Bolsonaro y López Obrador son muy parecidos como temperamentos políticos, pero contrarios como proyectos ideológicos de gobierno. Es muy complicado pensar que América Latina puede ofrecer así un frente interesante más o menos unido casi en cualquier tema. Creo que falta mucho tiempo para que podamos ver a líderes latinoamericanos reunirse, con naturalidad dentro de sus diferencias, a ver qué es lo que les conviene hacer juntos. Me parece que está muy quebrado ese mosaico. Incluso en la nueva tendencia de triunfos de gobiernos de izquierda, con Gabriel Boric en Chile o Gustavo Petro en Colombia, hablamos de regímenes de izquierda muy distintos. De un lado están las dictaduras, como Cuba, Venezuela y Nicaragua, que a mi juicio nada tienen que ver con los ideales teóricos e históricos de la izquierda. Del otro, las democracias, como Chile, Argentina, Colombia, Perú o México. Aun si hay en estos gobiernos tendencias populistas y poco democráticas, como en México, no son dictaduras. Pero son todos gobiernos muy distintos entre sí. Lo que llamamos por comodidad izquierda latinoamericana es también un ladrillo muy fracturado.

Lagos: Para que América Latina exista tienen que existir los dos grandes: Brasil y México. Antes eran tres, ahora son dos. Si hay un tercero a futuro, ése va a ser Colombia, no Argentina. Pero los dos grandes no están juntos: México y Brasil están en las antípodas, aunque hayan coincidido sus presidentes en que la pandemia no era de temer. Vean las consecuencias, vean dónde están México y Brasil, y vean dónde está América Latina, con un porcentaje mundial de enfermos de covid muy superior al porcentaje global de su población. Lo único que nos une hoy por hoy son los objetivos del desarrollo sustentable aprobado por Naciones Unidas, completamente vigentes hasta hoy, los objetivos del milenio. No decimos que vamos a cumplir con todos pero quizá podemos coordinarnos en eso. Que se comprometieran los secretarios de Relaciones Exteriores a cumplir algo y se discutiera el tema. Pero no se ven iniciativas tampoco en ese frente. La fragmentación tiene que ver también con las rivalidades normales de cada país, la idiosincrasia de cada país, pero que los presidentes antes las superaban. El que los presidentes ahora no hablen es simplemente porque hablan con los que son amigos, se conocen o tienen enfoques parecidos. Entonces yo creo que no se entiende qué es lo que tenemos que hablar. No tenemos que estar de acuerdo en todo. Me parece, por ejemplo, que si va a haber un elemento en común, es que vamos a tener que reactivar la economía, podemos establecer un manual de corto plazo. Quiero reactivar la economía: voy a tener que invertir, pero esa inversión la voy a medir también viendo si me sirve o no para alcanzar uno de los objetivos del milenio. La única herencia del periodo del multilateralismo son los ocho objetivos del milenio. Aceptemos que esos objetivos los firmamos todos los países y nos comprometimos a tratar de cumplirlos; podríamos entonces tener un debate común, para coordinar un manual para medir la reinversión que tenemos que hacer para reactivar y además satisfacer uno de estos objetivos. ¿Podemos concordar en eso o no? ¿Y qué tipo de interacción podemos tener? En el fondo lo que estoy diciendo es hagamos una metodología para que reactivemos la economía, y de paso a lo mejor contribuyamos a satisfacer alguno de esos objetivos. Ahora, desde el del punto de vista de América Latina, seamos claros, otra vez: hay economías muy importantes que son Brasil y México, sin esas dos economías, América Latina no existe, no pesa en el mundo. Pero ocurre que en México la naturaleza de la política exterior del presidente mexicano es que la mejor política exterior es la mejor política doméstica, porque así el resto del mundo lo va a respetar. Volvemos al tema de la inflación que los países de América Latina importamos desde Estados Unidos y Europa, por la guerra en Ucrania.

Aguilar Camín: Aquí hubo una contradicción muy seria. En el momento en que la pandemia nos sumergió como nunca en el mismo problema, los presidentes latinoamericanos hablaron menos que nunca entre sí. Fue una emergencia global, la misma para todos, pero lo que logró fue encerrarnos en cada uno de nuestros países. En México vimos venir la pandemia con meses de anticipación, la vimos aparecer en diciembre en China, explotar en febrero en el sudeste Asiático, expandirse brutalmente en Europa. El primer reporte de contagio en México fue a fines de febrero y todavía el Cono Sur tuvo como un mes más. La evidencia de que el problema era global debería haber llevado a los Estados, a los gobernantes, a hablarse entre ellos. Pero no fue así. Lo que vimos no fue una respuesta global a la pandemia, sino experimentos nacionales, muy distintos entre sí, sobre cómo atacar el mismo problema. De ahí la disparidad brutal de resultados ante el mismo reto. Por un lado Nueva Zelanda, Taiwán, Japón, Corea del Sur, la propia China, con un impacto marginal o nulo de la pandemia. Por otro lado el terrible caso de Italia o España. Finalmente el gran momento de irresponsabilidad global del continente americano, con Estados Unidos a la cabeza, y atrás Brasil y México, cuyos tres presidentes minimizaron el virus, dijeron que no tenía importancia y no había que tenerle miedo. Son de los países con más muertos del mundo. Los tres países con más muertos totales por covid son: Estados Unidos, India y Brasil. México aparece oficialmente con 325 mil muertes, pero sus muertes en exceso registradas, también oficialmente, son más de 600 mil, en el rango de India y Brasil. El hecho es que frente a un problema global, igual para todos como ningún otro, prevalecieron las lógicas parroquiales, estatales, nacionales. El virus no globalizó las respuestas de los países, por el contrario, las particularizó. Y cada país tuvo su propia pandemia, podríamos decir: creó su propia pandemia Si hubiéramos tomado nota bien de lo que hicieron, por ejemplo, los dirigentes de Corea del Sur, y hubiéramos imitado eso, la pandemia habría sido contenida desde su brote. Los mexicanos tuvimos tres meses para tomar nota y hacer eso, y los estadounidenses, dos meses y medio. Con una respuesta nacional ajustada a las mejores experiencias mundiales, la pandemia mexicana hubiera cedido antes de tiempo, nuestra crisis económica no habría sido del tamaño que es. Subrayo esta paradoja: en el momento de mayor globalidad, hay también un regreso al mayor provincianismo nacional. La experiencia exhibe en todo su dramatismo la tendencia de los Estados nacionales a no tomar nota de lo que sucede en el mundo. Pero volvamos al tema de la escisión latinoamericana de principios del siglo. Decimos que al principio hay una escisión geopolítica, por lo menos en la cabeza de Itamaraty, y luego una escisión ideológica, con el activismo de Chávez. Son los dos ejes de la escisión: el geopolítico de Itamaraty y el ideológico de Chávez. ¿Cómo sigue esto camino a la crisis del 2008 y hacia la del 2020?

Lagos: En Chile la crisis del 2008 no nos tomó tan mal parados. Habíamos introducido para el caso del cobre la noción de un superávit estructural. Eso quiere decir que si el precio actual del cobre bajaba mucho, como cuando yo entré a la presidencia, su precio a largo plazo iba a ser más alto y había que fijarlo, para efectos fiscales, más alto. Cuando yo entré, el cobre estaba a 50 centavos. Un comité especial quedó encargado de calcular la fijación del precio del cobre de largo plazo. En ese momento se fijó en 0.89 centavos de dólar la libra de cobre. En los siguientes años llegó a 1.50, pero seguimos gastando en 0.89 hasta que lo volvimos a actualizar. Lo fijamos para efecto de gasto en 1.50 para los siguientes años. Pronto el cobre estuvo en 2.00 y 2.50 dólares, pero nosotros no podíamos gastar sino 1.50. Entonces empezamos a ahorrar el excedente en un fondo, de modo que, al llegar la crisis del 2008, Chile tenía acumulado en ese fondo el equivalente al 40% de nuestro PIB. Entonces la presidenta Bachelet giró un cheque por el 4% del PIB para afrontar la crisis, lo que redujo al 36% el fondo. En Chile sufrimos los efectos de la crisis, pero no se notó demasiado. Luego perdimos esa disciplina, y el fondo se fue yendo, y nuestra deuda fue creciendo. Para la crisis del 2020, ya no teníamos ese colchón, y nos va a alcanzar la deuda. No nos han tocado las calificadoras internacionales, pero es distinto un país endeudado en 30% de su PIB que en un 40%. Cuando lleguemos al 44%, nos van a pasar una factura. Es una situación difícil para el país en el futuro. Es lo que está ocurriendo con todos los países de América Latina. Entramos a una situación mucho más difícil y la ayuda no va a existir. A la mitad de esta crisis la deuda externa de Estados Unidos era ya algo así como el 120% del PIB. Los alemanes llevaban como el 70%. Van a estar ocupados consigo mismos, no con nosotros.

Castañeda: En México pasa igual, de otra manera. México no se ha endeudado, pero la deuda mexicana subió proporcionalmente diez puntos en 2020 por la contracción del PIB, de 44% a 54%. Volviendo al trayecto latinoamericano del 2008 hacia acá: el *boom* de *commodities* que sustentó la marea rosa permitió, entre 2005 y 2015, que varios gobiernos hicieran esfuerzos reales, muy significativos, para reducir la pobreza y crear mejores instrumentos de política social. Esto sucedió en Chile, desde luego, pero también en Brasil, en Bolivia, en Argentina. Sí hubo un gran avance en varios países. de América Latina gracias a esta coincidencia fortuita de gobiernos progresistas y al *boom* de *commodities* que les dio mucho dinero para programas sociales. Lo dice el presidente Lagos en el caso de Chile, pero también Lula estaba hinchado de dinero, Evo por el gas y la soja y el litio un poco después, los Kirchner por la soja, todos ellos disponían de enormes recursos y pudieron hacer muchas cosas. Lo paradójico es que, cuando llegamos a 2019, en Chile y en toda América Latina, resulta que todo lo que se pudo crear a lo largo de casi quince años, con precios elevados de *commodities*, por gobiernos progresistas, empeñados en reducir la pobreza y la desigualdad, en crear un mejor sistema de protección social, todo eso dejó de ser un consuelo, un éxito de los gobiernos, y se volvió un poco lo contrario en la sensibilidad social. Gran parte de la sociedad chilena beneficiada entonces dice hoy: "No me gusta, lo que hicieron no sirve, no han hecho lo suficiente". Lo mismo dicen las sociedades de otros países, aunque no con la claridad de los chilenos.

Lagos: Hay un conjunto de tareas en las que teóricamente podría haber un manejo multilateral y en donde, claro, si todos necesitamos comprar respiradores para los enfermos por covid-19 y los compra una sola organización mundial, por acuerdo de todos nosotros, es una respuesta mejor. Pero eso no pasa porque Donald Trump dijo que la Organización Mundial de la Salud no servía. Bueno, por lo menos digamos que el director general de la OMS va a salir en la tapa de *Time* como uno de los personajes del año; por lo menos ahí le van a dar un reconocimiento. Más allá de aquello, fíjese usted, se planteó ahora la posibilidad de elevar y hacer un acuerdo internacional, así como hay un acuerdo internacional respecto al cambio climático y estamos obligados a determinadas cosas, bueno, hacer algo similar respecto a las pandemias, y que sea un acuerdo en donde los Estados miembros tienen algo que decir, y así como hay una COP cada año para ver qué hay en materia de avance de cambio climático, que hubiera también una COP para ver cuánto hemos avanzado en tema de pandemias. Sabemos que las pandemias están para quedarse y que el virus se va a quedar con nosotros porque va a ir mutando. Eso por lo menos está planteado, no sé si va a ser aceptado, es una forma de entender que en la próxima pandemia no podemos empezar a acaparar entre nosotros los países los ventiladores o las vacunas que en ese minuto puedan ser determinantes. Lo importante es que sea la OMS la que, con una sola mano, con acuerdo de los ministros, compre estos instrumentos y se puedan distribuir de acuerdo con las necesidades de los países. En este aspecto hemos demostrado ir hacia atrás. Puede ser que en un futuro, junto con el ingreso per cápita, le pregunten a los países cuál va a ser su per cápita de emisiones, que producen el efecto invernadero y por lo tanto aceleran el cambio climático. Si eso pasa a ser un elemento de valor, si emitir mucho es negativo, entonces vamos a tener determinadas formas de organizar la sociedad mundial de manera distinta. Y este yo creo que va a ser un elemento que va a estar latente, la reacción del mundo cuando China unilateralmente dijo: "Yo voy a ser carbono neutral diez años después de mi compromiso". Si se tratara de un país chico no tendría mayor importancia, pero a un país como China el mundo le va a decir: "Perdóneme, usted no tiene derecho de notificarnos sobre eso, tiene que hacer un esfuerzo sobre eso".

Castañeda: Cuando la otra súper potencia, Estados Unidos, se retiró del Acuerdo de París, los chinos pudieron darse el lujo de cambiar unilateralmente su calendario. La reacción ante la pandemia tiene algo de parecido con lo sucedido en materia de coordinación de políticas macroeconómicas. Las instituciones como el Banco Mundial o el FMI no han hecho un esfuerzo serio de coordinación de políticas económicas; la Unión Europea lo hizo hasta cierto punto. Pero fuera de eso, cada uno ha hecho lo que estimaba, no se han compartido experiencias ni sugerencias y cada uno está haciendo lo que quiere. Los resultados son enormemente dispares. A algunos países les fue extraordinariamente mal y otros pudieron librarla más o menos. Pero no hubo ninguna coordinación, ni G20 ni G7. Cada quien jugó su juego. El presidente chino Xi Jinping tuvo tiempo de avisar y de compartir información, de echar a andar programas y enseñanzas de lo que vieron en Wuhan y los orígenes del virus. Dispusieron de tres meses para compartir y participar con el resto del mundo y no lo hicieron. El drama es que cuando México no hace nada afecta a los mexicanos, pero cuando China no hace nada, afecta al mundo entero. En ese sentido sí tienes un cambio muy radical frente a lo sucedido en el siglo XX o si se prefiere desde el final de la Primera Guerra en adelante. Imperaba algo en común entre las naciones, que llega a su expresión máxima con las Naciones Unidas en el 45, pero incluso antes regía una cierta presencia de las grandes potencias. Ahora han abdicado de su responsabilidad. Un apunte final acerca de instituciones globales que no funcionan, de la gobernanza global. Me parece que lo hemos visto muy claramente con la OMS, que emite criterios iguales y tiene resultados completamente dispares. No tiene el consenso institucional, ni muchísimo menos la capacidad jurisdiccional de imponer sanciones. Ahí tienes una institución que funcionó razonablemente bien, ya que bajo su guía se eliminaron una enorme cantidad de enfermedades globales. Pero en ésta, la mayor crisis sanitaria del último siglo, no pudo alinear en su propio provecho a los Estados nacionales para darle una respuesta convergente a la pandemia. Por otro lado, el G7 no pudo reunirse presencialmente durante la pandemia, en parte por la misma pandemia, en parte porque Trump los quiso llevar a Campo David o a Mar-a-Lago, luego a la Casa Blanca, en plena campaña electoral. El hecho es que no hubo G7 frente a la pandemia. Se puede hacer por Zoom, desde luego, pero todos sabemos que no es lo mismo. Ningún presidente va a hablar con franqueza con otro por Zoom. En el teléfono todavía hay ciertas reglas, pero por Zoom es inmanejable, y entre siete es peor. Esto lleva a que la coordinación de los países ricos haya sido muy magra. El responsable principal durante 2020, y antes, fue Trump. Pero está también el problema del G7 sin China. Demasiada ausencia. ¿Qué sentido tiene una organización o un grupo de las principales potencias económicas del mundo, sin la segunda?

Lagos: Volvemos al tema de la importancia de que haya foros donde decidir. Ante la crisis del 2008-2009, en el acuerdo de Londres, los países del G7 resolvieron rápidamente aumentar el capital del Fondo Monetario Internacional, de 250 mil a 750 mil millones de dólares. Multiplicaron por tres el capital del fondo, en una discusión que no les tomó más de media hora. Lo que habían reclamado por años los países subdesarrollados (como se les decía en ese tiempo), ahí lo resolvieron porque era el interés de los países ricos, tener un capital en el Fondo Monetario, porque todos tenían que recurrir a eso. Es decir, ahí hubo una respuesta, pero ahora, ninguna.

II. América Latina y la "Nueva Guerra Fría"

Héctor Aguilar Camín: Cruza nuestra conversación el tema del enfrentamiento de China y Estados Unidos: la famosa "trampa de Tucídides", según la cual cuando una potencia decae frente a otra que emerge, como Esparta frente a Atenas, la guerra es inevitable. Jorge Castañeda ha dejado caer el término de "Nueva Guerra Fría". Ahora el futuro se ha calentado al máximo, con la invasión rusa de Ucrania. ¿Qué nos plantea como región el horizonte de esta Nueva Guerra Fría? ¿Bajo qué condicionamientos estamos, en medio de nuestra desarticulación política, ante la lógica del enfrentamiento China-Estados Unidos? Quizá convendría empezar por la novedad mayor en el tablero de esta puja que es la invasión rusa de Ucrania. Es el gran acontecimiento inesperado en el crepúsculo de la pandemia. Es un momento incandescente de la política mundial, mal calculado por Rusia como una secuela de su anexión de Crimea, es decir, como una acción militar rápida y contundente. Ha sido en cambio una invasión lenta, torpe y de una brutalidad odiosa a los ojos del mundo, pues a diferencia de otras invasiones rusas, como la de Chechenia, ésta sucede ante los medios más influyentes de Occidente, que atestiguan el hecho día con día. Creo que podemos dirigir nuestra reflexión hacia dos ámbitos. El primero, ¿cómo cambia esta invasión el equilibrio del poder mundial y calienta lo que parecía una guerra fría de mercados, tecnología e influencia global? El segundo, ¿qué impacto tendrá esta sacudida geopolítica sobre América Latina? En suma, ¿cómo llegamos aquí y cómo nos afecta?

Ricardo Lagos: Yo creo, como una introducción brevísima, que el problema se origina cuando Estados Unidos emerge como la gran potencia luego de la desintegración de la URSS. Aquella desintegración es consecuencia de la incapacidad de la economía rusa para mantener la carrera nuclear. Rusia desarrolló la bomba atómica en el año 49 y empezó a decir "Estoy a la par de Estados Unidos. Tenemos capacidad de destrucción mutua". Y es este equilibrio, producto de la potencial destrucción mutua, el que crea la estabilidad de fuerzas en equilibrio de la Guerra Fría. Cada quien desarrolla y perfecciona su arsenal. Pero Estados Unidos desarrolla su paraguas nuclear, que consiste en poder destruir de inmediato a quien ose lanzar el primer misil, y destruirlo apenas apriete el botón, cuando todavía está en el aire, antes que caiga a donde está destinado. El paraguas nuclear tenía un costo de desarrollo extraordinariamente alto, y fue al verlo consumado, vuelto realidad, cuando los mariscales soviéticos de la época fueron a decirle a Mijaíl Gorbachov: "No podemos más. Ya estamos gastando el 40% del producto interno bruto de la Unión Soviética en esta carrera militar". Estados Unidos había doblado la apuesta porque tenía un producto interno bruto enorme. Los soviéticos no podían, estaban de hecho sobregirados por el gasto en la carrera armamentista. En ese momento Gorbachov se da cuenta de que el tema del gambito entre dos potencias ha concluido, y procede como procede: se produce la desintegración de la URSS, la Unión de Repúblicas Socialistas Soviéticas que conocíamos. Se separan varias de ellas y se llevan un pedazo de la riqueza nuclear de la URSS porque había plantas instaladas en las dieciséis repúblicas soviéticas. En Ucrania, por ejemplo, había tres grandes centros nucleares, uno de ellos Chernóbil. Con relación a las consecuencias de aquel momento, hay un punto en el que Putin tiene razón cuando dice que, en algunas conversaciones de Bush padre con Gorbachov, se habló de no abusar de la posición de predominio absoluto de Estados Unidos, y de que la OTAN no se iba expandir hacia el este. Nunca se firmó un acuerdo, fueron sólo conversaciones, que Putin ha reivindicado exigiendo a Estados Unidos que cumpla lo que Bush padre directa o indirectamente le habría prometido a Gorbachov. Lo cierto es que, contra el supuesto acuerdo de aquellas conversaciones, la OTAN se expandió hacia el este, admitió como miembros a Polonia, a Rumania y a las repúblicas bálticas. Y la respuesta de Putin para modificar el *statu quo* fue la anexión de Crimea, en 2014, para devolverla a la órbita rusa o para evitar que se pasara de plano a la órbita de la OTAN. Es el mismo pretexto esgrimido ahora por Putin para atacar a Ucrania: evitar la expansión de la influencia europea y del paraguas militar de la OTAN hacia la frontera rusa. Putin invoca también, por cierto, credenciales del tiempo de los zares, de la época en que los zares gobernaban Ucrania como parte del imperio, como la gobernó la URSS hasta su desintegración, cuando Ucrania empezó a ser un Estado soberano. Ese Estado soberano no fue capaz de enfrentar la arremetida de Putin de 2014, pero resistió la rusificación de sus provincias surorientales y, sobre todo, decidió resistir en 2022. Creo que Putin estaba convencido de que Ucrania no estaba en condiciones de resistir, que en dos o tres días él tendría el control de Ucrania, y en una semana estaría todo concluido, con un gobierno títere en Kiev. Pero algo anduvo mal, porque lo que se esperaba un paseo militar con pocas bajas, como en Crimea, resultó una invasión larga, azarosa, catastrófica desde el punto de vista político, económico y humanitario para Rusia. Yo creo que ahora la situación en que está Putin es buscando una salida honrosa, porque en el ínterin entra a la escena de la crisis un actor nuevo que se llama China. Este actor nuevo está siendo observado muy de cerca por otro actor que se llama India. La relación China-India es una relación compleja, de amistad en el sentido de que no se declaran la enemistad, pero se observan con cuidado. ¿Qué es lo importante de esto? Lo importante de esto, yo creo, es que la posición China ha sido, primero, de respeto a la soberanía de Ucrania. "Yo —dice China— reclamo y exijo respeto a la soberanía de Ucrania." "Pero, segundo —dice China—, comprendo las exigencias de Putin, respecto de que debiera cumplirse la palabra empeñada por Bush padre." Es decir: que la OTAN no se siga extendiendo hacia las fronteras rusas. Agreguemos otro elemento importante, que es la participación de China en Ucrania. He leído un par de artículos largos donde se sostiene que China ya compró un 11% de la tierra ucraniana. No me quedó claro si es de la tierra total de Ucrania o de la tierra arable, dedicada exclusivamente a la exportación de cereales. Pero, en cualquier caso, comprar el 11% de la tierra total o la tierra arable de Ucrania convierte a China en el principal inversionista de ese país. La posición de Ucrania en Europa es un elemento central en el famoso proyecto chino de la ruta de la seda. El "Banco Mundial", entre comillas, que han construido los chinos para financiar la ruta de la seda, le ha dado grandes créditos a Ucrania. China ya adelantó que ellos están en condiciones de hacerse cargo de toda la infraestructura que haya que construir y reconstruir como resultado de la invasión. De modo que Putin destruye toda la infraestructura, y China la va a reconstruir, cobrándola después. Luego, han empezado las conversaciones de China con los líderes europeos, con el presidente francés Emmanuel Macron y con el canciller alemán Olaf Scholz, los dos países centrales de la Unión Europea. Resultado: ahora tenemos un mundo de cuatro actores: Estados Unidos, Europa, China y Rusia.

Aguilar Camín: No sé si son cuatro actores centrales o son tres actores y dos medios. Digamos: Estados Unidos es uno, Europa es otro, China es otro, pero India es medio y Rusia también.

Jorge G. Castañeda: India y Rusia son medio actores, aunque esta última se halla hoy en el centro paradigmático. Pero la verdad Rusia no tiene la capacidad de proyectar fuerza más allá, justamente, de sus fronteras. Incluso vemos que en sus fronteras le está costando trabajo.

Lagos: Bueno, es que en el fondo ¿qué es Rusia? Desde el punto de vista económico es lo mismo que Italia. En términos de producto es más chico que Francia y que Alemania. O sea, claro, vemos a Rusia con todo su despliegue de la gran Rusia de ayer, con todo su despliegue en términos nucleares, que obviamente excede con mucho a los otros países. Pero dado que en el mundo hoy hay otra forma de medir, bueno, entonces Rusia es Italia pero con poder nuclear.

Aguilar Camín: Fue más tajante el senador estadounidense John McCain. Dijo que Rusia es "una gasolinera, manejada por una mafia, disfrazada de país". Los medios parafrasearon: "Una gasolinera con bombas nucleares".

Lagos: Pero el problema con eso es que o lanza la bomba o no vale nada su amenaza. De fondo las dos grandes potencias, léase Estados Unidos y China, son las que llevan las banderas de la productividad y del avance tecnológico en el mundo. En mi opinión, armar e incorporar a la Unión Europea es la única forma en que Estados Unidos podrá en el futuro con lo que representa China. Aquí lo que ha quedado de manifiesto es que China emerge como un actor capaz de participar en cualquier foro. La otra cosa que ha quedado clara es que Estados Unidos no está en condiciones de poner soldados en otra parte que no sea su territorio. Sigue siendo la mayor fuerza militar desplegada en el mundo, pero no puede usar esa fuerza como antes.

Castañeda: Regreso un poco: estoy de acuerdo en el pecado original de la invasión rusa de Ucrania. Cuando cae la Unión Soviética en 1991 aparentemente hubo una conversación no tanto de Bush padre, sino de James Baker, el secretario de Estado, con Gorbachov, en el sentido de que no habría una expansión de la OTAN hacia Oriente. En todo caso, Ucrania no entraría a la OTAN. Tal vez el ingreso de las repúblicas bálticas y Polonia era inevitable, Rumania quién sabe, pero Ucrania no. Tanto el propio Baker como Gorbachov, que viven todavía, sostienen a la fecha que esa conversación realmente no tuvo lugar. Podría haber sido una especie de comentario de Baker a la ligera, marginal, de manera informal, del cual Gorbachov tomó nota, sin presionar a Baker para que lo formalizara o lo volviera más explícito. No hay necesariamente un engaño o una traición de Estados Unidos, de Occidente y de la OTAN, en relación a Rusia o a Gorbachov, luego a Boris Yeltsin, y ahora a Putin. Lo que sí sucede —y en eso es lo que creo que Ricardo Lagos tiene toda la razón y hay que insistir en esto— es que hay una violación de una especie de acta fundacional de Rusia y de la Unión Soviética, desde el zarismo. A saber, que Ucrania en particular y en general toda esa zona tiene que revestir una cierta neutralidad. Cada vez que no ha sido así, ha surgido un peligro mortal para Rusia, en el siglo XIX con la invasión napoleónica, y para la Unión Soviética, en el siglo XX, con la invasión nazi. Con el ensanchamiento de la OTAN en el 99 principalmente, y otra vez en el 2004, cuando entran las repúblicas bálticas, sucede algo parecido. Mucha gente lo anunció a tiempo. George Kennan lo dio a entender hace veinticinco años y otros también. Se trató de una virtual repetición del Tratado de Versalles de 1919, donde las potencias vencedoras le impusieron a Alemania las famosas reparaciones, la famosa escisión de la Renania y de Alsacia-Lorena y el desarme. Alemania se sintió victimizada, oprimida, explotada, sacrificada por unas potencias que no tenían la visión de entender que en esas condiciones, con esa magnitud de reparaciones, era inevitable algún tipo de revanchismo alemán. Obviamente, nadie pudo prever qué tan grave resultaría ese revanchismo, pero sí hubo gente que lo vaticinó, empezando por John Maynard Keynes con una notable presciencia en su icónico ensayo *Las consecuencias económicas de la paz*. Keynes era el más inteligente de todos, pero no era el único inteligente. Muchos se dieron cuenta. Tengo la impresión de que el ensanchamiento de la OTAN en el 99 y después en el 2004, es un asunto muy parecido en sus consecuencias al Tratado de Versalles, en cuanto a que se le impone una carga excesiva al derrotado, en este caso a Rusia. En el 99 todavía se trataba de un país postrado por la reciente desintegración de la URSS. En el 2004, ya con Putin, mucho menos, pero de todas maneras era un país débil. Se impuso entonces en Occidente la *hubris* del fin de la historia. Como ya llegó el fin de la historia y como yo gané, puedo hacer lo que se me dé mi regalada gana. Sí, en efecto, lo puedes hacer, pero las consecuencias de lo que estás haciendo van a surgir en algún momento. Eso es lo que sucede ahora. En el 2014 vino la anexión de Crimea, en 2020-2021 la infiltración de personal a la Cuenca del Don, la parte oriental de Ucrania. Ahora, en el 2022 la invasión. Son las consecuencias no económicas, sino militares, del ensanchamiento de la OTAN. Existe un elemento que parece comprobar esto, que es a lo que se refería Aguilar Camín: por qué Putin no pudo avanzar tan rápido. Para mí esto es un misterio, pero, a juzgar por los hechos, los ucranianos estaban mucho mejor armados, apertrechados, entrenados, con todo tipo de equipo militar, no sólo las armas *per se*, de lo que se pensaba. Hay una persona que sí sabía esto y lo temía, ése era Putin. No me resulta verosímil que la enorme cantidad de misiles antitanque y antiaéreos y los camiones, los transportes artillados de tropa y de soldados que saben usar estos dispositivos sean resultado de la guerra como tal. Vienen de antes. De repente resulta que estaban mucho mejor armados los ucranianos de lo que todo el mundo suponía. Ése es justamente el reclamo de Putin. No sólo quieren dejar entrar a Ucrania a la OTAN y a la Unión Europea, a través del Acuerdo de Libre Comercio de antes del 2014, sino que están armando a los ucranianos como si ya fueran de la OTAN. La única diferencia es que no hay tropas de la OTAN en Ucrania y que no aplica el artículo quinto de la Carta de la OTAN, de que un ataque a uno es un ataque a todos. Pero con esa excepción, por lo que estamos viendo del armamento, pareciera que han armado a Ucrania hasta los dientes. No pudo entrar Putin a las grandes ciudades ucranianas, como se pensaba, porque estaban muy armadas. Y también por la activación heroica del sentimiento nacional, sublimado durante siglos. Dicho sentimiento nacional, más los misiles antitanque, más los misiles antiaéreos, dieron paso a una resistencia más potente de la que Putin esperaba, de la que Ucrania esperaba y de la que la propia OTAN esperaba.

Agrego una reflexión a la luz del principio de la guerra de Ucrania sobre lo que llaman los americanos el "declinismo" o "declinacionismo". Me refiero a la tesis de que Estados Unidos ya pasó a ser una potencia de segunda, que por sus debilidades internas y por el ascenso chino ya no es la potencia hegemónica mundial, y ya no puede lograr lo que antes. En efecto, Estados Unidos se ha visto debilitado por su incapacidad de enviar tropas a Ucrania. Parte de la decisión de Putin de invadir nace de que cuenta con esa debilidad. Pero, por otro lado, Estados Unidos logró unirse internamente y conducir la Alianza Atlántica con una claridad, con una contundencia y con una unidad de propósito que pocos esperaban. En otras palabras, sí hubo una respuesta a la invasión, conducida por Estados Unidos, mucho más potente de lo que mucha gente también esperaba. He aquí una especie de retorno triunfante de Estados Unidos como cabeza de la Alianza Atlántica, como cabeza de una respuesta que sí ha sido contundente, desde las votaciones en la ONU hasta las sanciones económicas, pasando por la posibilidad de seguir armando a los ucranianos. Una segunda manifestación de este retorno de la preeminencia de Estados Unidos consiste en lo que podríamos llamar la victoria del *soft power.* Rusia, a pesar de una superioridad militar en Ucrania, ha perdido del todo la batalla de las pantallas de televisión y de las redes sociales, por lo menos en Occidente. Se ha dado una inversión de las correlaciones de fuerza: la militar la gana Rusia, aunque a menor velocidad de la esperada; la ideológica, mediática y digital, la gana Ucrania. Hay casi dos mil periodistas extranjeros en Ucrania, todos partidarios de Volodímir Zelenski y enemigos de Putin. Este triunfo del *soft power* no durará eternamente, pero por ahora representa una fuerza indudable.

Aguilar Camín: Voy a matizar un poco esta opinión de Jorge Castañeda, porque, estando de acuerdo con ella, lo que yo veo en este momento de la invasión rusa a Ucrania es una especie de experimento trágico que nos permite ver en vivo el verdadero ajedrez geopolítico que está gobernando el mundo. Se introdujo en Ucrania un factor que no existía en el tablero previo: el factor militar propiamente dicho, una invasión. Putin decide su invasión a la vista del mundo, en el centro de Europa, bajo la amenaza de que si lo contienen militarmente con armas convencionales él usará lo innombrable e innombrado hasta hoy: sus armas nucleares. Y lanza advertencias apocalípticas. Así, de pronto, el tema del uso de armas nucleares queda puesto en la mesa, y limita, en efecto, la intervención militar de Occidente en el conflicto bélico de Ucrania. La amenaza nuclear de Putin inmoviliza militarmente a la OTAN para cualquier acción abierta en suelo ucraniano. La unión de Occidente, es decir de la Unión Europea y Estados Unidos bajo el liderato de este último, no alcanza para resolver el conflicto militar que amenaza la paz mundial, que la interrumpe de hecho a las puertas de Europa. Tienen poder para sancionar económicamente a Putin y volverlo un paria, como advirtió Biden, pero no para repeler su invasión de Ucrania, y resolver ese conflicto militar específico. Estados Unidos y Europa, incluso estando de acuerdo como nunca, necesitan, como dice Ricardo Lagos, la participación de otros actores. Su hegemonía global está desafiada. No puede resolver el conflicto sólo armando a los ucranianos y prolongando la resistencia. Esto le impone a Ucrania un horizonte de sacrificio inhumano. Pero tampoco lo va a resolver sólo con sanciones económicas que, en efecto, volverán a Rusia un paria económico, pero que tarde o temprano regresarán la cuenta a la economía de Occidente. Necesitan la mediación de China. Y esto es lo que China ha dejado ver muy claro, incluso hasta un poco despectivamente para Rusia, en su posición frente al conflicto. China ha declarado su voluntad de mediar en esto, diciendo: "Este conflicto no se puede resolver sin nosotros. Somos indispensables para la estabilidad global". Y entonces toman este camino del sí y el no que explica muy bien Ricardo Lagos. Dicen que su relación con Rusia es sólida como una roca y a la vez dicen que entienden las razones estratégicas de Putin. Dicen también que esto no podrá resolverse sino en una mesa de negociaciones donde, se entiende, China será un actor central, de hecho el administrador de la estrategia de Rusia y el verdadero interlocutor de Estados Unidos, Europa y el resto del mundo. Por otro lado, la invasión rusa calienta mucho las fronteras europeas de Rusia y de Europa. Países que no habían pensado en entrar a la OTAN deciden hacerlo, por la amenaza evidente de Rusia puesta en acto en Ucrania. Finlandia, que había tenido un *modus vivendi* muy razonablemente eficaz en el entorno ruso y europeo, sin entrar a la OTAN, ahora pide entrar, lo mismo que Suecia. En el corazón de Europa cambia también el espíritu antibélico. Alemania se dispone a gastar en su ejército. El desarreglo es profundo y no parece tener un camino de salida con el *statu quo* o el equilibro de poder previo. Por otro lado, es verdad que el resto del mundo parece haber tomado un partido abrumadoramente antirruso y proucraniano. En la ONU hubo una votación aplastante en la condena a Rusia. Pero cuando uno baja de los votos de la ONU al comportamiento de los países, entonces resulta que la condena no es una condena activa, no es una condena que esté alineada seriamente tras el liderato de Estados Unidos para sancionar a Rusia, sino que es una condena que se da ahí en la asamblea diplomática, pero después, a la hora de las decisiones sancionadoras, el rechazo mundial ya no parece tan global. Para empezar, se abstienen de la condena China e India. Pero luego está la gran cantidad de países que no son parte directa del conflicto y que están interesados en mantener una buena relación con Rusia, con China o con India. Manuel Castells calculó en un artículo que la mitad del mundo puede no estar interesada en respaldar una ruptura tan severa como la que indica la condena diplomática. Empezando por América Latina: todos nuestros países condenan a Rusia en la ONU, salvo Cuba, Venezuela y Nicaragua, pero los gobiernos de nuestros países, y eso incluye a todos los países grandes del subcontinente, empezando por México y Brasil, hacen muy poco además de la condena. En México, una fracción oficialista del Congreso hace una sesión parlamentaria de amistad con Rusia. De manera que la invasión de Ucrania nos deja ver, como en una radiografía, una nueva distribución del poder global que permite hablar del fin de la hegemonía estadounidense.

Jorge Castañeda tiene razón en que Estados Unidos unió a Occidente en decisiones muy serias, pero esa unión y esas decisiones no alcanzan para resolver el conflicto puntual que plantea la invasión de Ucrania y su efecto global en ondas concéntricas. Estados Unidos y Europa necesitan la intervención de la parte del mundo que no está alineada con Occidente, empezando por China, siguiendo por la India, por algunos países árabes, África y América Latina. Hay mucho de verdad en esto de que terminó la hegemonía americana, por lo menos en el sentido en que se celebró aquella hegemonía al caer el muro de Berlín, con aquello del fin de la historia, y de que todo el mundo sería capitalista y democrático liberal, a la manera de Occidente. Bueno, esa hegemonía que fue indesafiable en aquel momento, está siendo desafiada hoy. Y tenemos, pues, no sé si una Nueva Guerra Fría, pero en todo caso no una guerra fría bipolar, sino tripolar o cuatripolar, con un buen contingente de países no alineados, en el sentido de que no están siendo obligados a ponerse de un lado o de otro, sino que pueden mantener una cierta tibieza respecto del asunto ucraniano, lo que en el fondo es una manera de no estar con Estados Unidos y con la Unión Europea. Tampoco eso quiere decir estar con Rusia. Quiere decir que hay un espacio grande para una negociación global de nuevo tipo, en la que los nuevos centros de poder del mundo son Estados Unidos, desde luego, Europa atrás, junto a Estados Unidos y la OTAN. Pero luego China y abajito de China, Rusia, y al lado —como decía muy bien Ricardo Lagos— entre amigo y no amigo, pero no enemigo, la India. Entonces parecería que la invasión de Ucrania cambió el equilibrio del poder mundial o hizo aparecer con claridad el nuevo equilibrio que ya existía.

Lagos: Ahora, me sorprendió lo que dice Jorge en el sentido de que había también en Ucrania un armamento muy importante que no estaba en los libros de nadie. Ese armamento de qué tipo es.

Porque uno ve aparecer en la televisión esa larga fila rusa de 40 millas de tanques y armamento pesado, avanzando como si fueran dueños del país. Creo que si los ucranianos tuvieran algún misil los veríamos usarlos contra esos tanques. Lo que sí creo es que hubo una resistencia inesperada de la población y un papel muy importante jugado por el presidente de Ucrania, Zelenski, quien emergió con rapidez como un líder extraordinario que concitó a la adhesión de todo el mundo. Nadie hubiera pensado en él como un presidente que se dirige por Zoom a las dos cámaras del Congreso de Estados Unidos, el cual le aplaude de pie. Al día siguiente hace lo mismo con el Reino Unido, y por supuesto, con el Parlamento Europeo. Y está la frase aquella, cuando le ofrecen sacarlo de Ucrania, de que está pidiendo ayuda para pelear no un *ride*, un aventón, un paseo, respuesta digna de Churchill, ¿verdad? Digo esto porque creo que el error aquí es de Putin, al creer que iba a ser una invasión corta y lo que encuentra es un callejón sin salida. Esto es lo que le da viabilidad a la estrategia China de conversar con Europa y con Estados Unidos, a lo mejor con Turquía, buscando que Putin se pueda retirar con cierto decoro.

Castañeda: Guardo ciertas dudas sobre el papel de mediador o de actor central de China en una crisis alejada de sus fronteras. No estoy seguro de que desempeñe un papel preponderante, ni que desee involucrarse como mediador o siquiera sentarse en la mesa de negociación cuando ésta se instale. Sobre las armas que recibió Ucrania antes de la invasión, me parece que, en efecto, las han utilizado contra los tanques rusos, con una gran eficacia, contra los navíos rusos y contra sus cazas cuando vuelan a baja altitud. Ha sido una hecatombe de *hardware* ruso.

Aguilar Camín: Volvamos a nuestro huerto: ¿cómo se refleja y qué impacto puede tener este momento en América Latina?

Lagos: Bueno, yo creo que los latinoamericanos están haciendo declaraciones en las Naciones Unidas, y punto. Nada más. Y las declaraciones consisten simplemente en decir: "Putin está errado". Muy bien, todo está correcto, respeto la soberanía, que negocien. Que pongan fin a la guerra y todo lo demás. Pero, claro, se ha demostrado que no tenemos ningún título para incidir en este juego de un mundo cuatripolar. En ese mundo de cuatro no existimos, y no hay un mundo de cinco que nos incluya, pongámoslo así. No nos extraña lo que sucede luego de todo lo que hemos hablado, pero el hecho es que no hubo frente a este conflicto un planteamiento latinoamericano común. Han pasado cosas inesperadas, eso sí. Nicolás Maduro, que estaba matriculado con Putin, demostró tener un cierto juego de piernas. Cuando le dijeron: "Vamos a comprarle petróleo a Venezuela", inmediatamente dijo que sí. Es puro realismo, nada más, pero quizás es un síntoma de que lo que se está rearmando en el mundo es algo mucho más pragmático. A lo que tiene que regresar América Latina es a ordenar su entendimiento con estos poderes, aquellos con los que hay mayores relaciones y creo que hasta ahí lo que aparece con mayor fuerza, visto desde el Cono Sur, es el tema de Europa. Visto desde México, seguramente Estados Unidos. La Cumbre de las Américas no le dio muchos aires a nuestra región.

Castañeda: Bueno, depende. Tengo la impresión de que con Medio Oriente Estados Unidos va a empezar a apretar en serio, en particular a Arabia Saudita, a los Emiratos, a Catar, es decir, a los productores de gas y de petróleo, para que aumenten su producción de manera significativa y eso deprima los precios o les ponga un techo. En la estrategia norteamericana, primero venían los europeos. Sin ellos todo lo demás no funcionaba; las sanciones funcionan sólo si las imponen los grandes socios comerciales y financieros de Rusia. Los demás tenían que venir después.

El caso de América Latina es parecido. Poco a poco llegarán las presiones norteamericanas, para que distintos países asuman una actitud menos pasiva. Ya no sólo votar de una manera o de otra en tal o cual organismo, sino pasar a las acciones, ya sea mediante sanciones, ya sea mediante gestos simbólicos de interrumpir una conexión aérea o de confiscar el yate de un magnate ruso. No implicarán necesariamente medidas de fondo, ya que con la excepción de Brasil y el fertilizante ningún país de América tiene una relación comercial o financiera muy importante con Rusia. Pero sí puede haber gestos simbólicos y creo que van a empezar a presionar ahora en ese sentido. Resulta grave, pero confirma lo que hemos platicado desde un principio: el silencio, la ausencia, la desunión de América Latina en esta nueva crisis mundial. No hay una voz latinoamericana porque, en efecto, la región está muy dividida Por un lado, hay gobiernos que son claramente partidarios de Putin, más allá de episodios puntuales; otros son claramente partidarios de Ucrania, y hay otros que están en una situación flotante: México, Brasil, Argentina, que un día dicen una cosa, al otro día dicen lo contrario, el tercer día cambian de parecer nuevamente. En esas condiciones es imposible desempeñar un papel, no diría ya de liderazgo, sino simplemente de presencia en la mesa. No está América Latina en la mesa, en parte porque es ajena al conflicto, de cierta manera, y en parte porque no posee la fuerza económica, militar, comercial y diplomática para ello. Pero está ausente en parte también porque se encuentra muy dividida. No hay acuerdo entre los principales países sobre qué hacer; cada uno de los países que está de un lado o del otro del conflicto cuenta con una especie de derecho de veto. Si México quisiera jugar un papel más protagónico de apoyo a Estados Unidos, el único que podría tomar, tendría consecuencias para México, para López Obrador, con su base interna, con Cuba, quizá con Venezuela, con Argentina seguramente. Los argentinos sí están mucho más claros de a dónde quieren ir: se abstuvieron en la ONU y se abstuvieron en la OEA, cosa que México no hizo. Son sólo votos, pero corresponden a una cierta dinámica política interna. Se confirma nuestro dicho desde un principio sobre la falta de voz latinoamericana. Por otro lado, la idea de nuestros amigos, del no alineamiento activo, tal vez se antoja como prematura, en el sentido de que tampoco hay una postura latinoamericana unida de no tomar partido. No la hay de tomar partido de un lado, no la hay de tomar partido del otro lado y no la hay de no tomar partido. Son las tres vías que se podrían tomar, siendo que probablemente el sentimiento popular, a pesar de inclinarse por Ucrania y contra Putin, opta por la neutralidad en casi todos los países de la región.

Lagos: Bueno, volvemos al punto inicial. América Latina existe, en tanto existen México y Brasil. En el corto plazo uno podrá agregar a lo mejor ahí a Colombia, que ha tenido un crecimiento.

Aguilar Camín: Y pese a la irrupción dramática de Rusia en el escenario con su invasión de Ucrania, quizás el dilema de fondo sigue siendo el de Tucídides: ¿prevalecerán los Estados Unidos o China? ¿Y qué puede hacer América Latina frente a esa Nueva Guerra Fría?

Castañeda: Es clave el tema de la "Nueva Guerra Fría", así, entre comillas, con todas las reservas del caso, y la posición de América Latina. Frente a eso, para decirlo rápido, creo que urge desarrollar lo que algunos amigos chilenos llaman un "no alineamiento activo". Todavía falta mucho para que China tenga paridad real en el mundo como primera potencia. Falta mucho para que haya una civilización china equiparable a la civilización americana de hoy. Hay una civilización china de cinco mil años, pero no es una civilización en el sentido fuerte de la palabra: con un idioma global, una moneda global, dispersión global de costumbres y cultura, poderío militar global y la capacidad de absorber lo que hay en el mundo, reconvertirlo y volverlo a diseminar. Eso, en el mundo de hoy, sólo lo tiene Estados Unidos. En el dilema latinoamericano de China o Estados Unidos, en su nueva rivalidad, hay que tener clara una cosa: América Latina y el mundo tienen muchas maneras de incidir en Estados Unidos, porque es una sociedad abierta, porosa, a la que puede uno llegar de veinte maneras. ¿Cómo pudo el presidente de Chile hablar con el presidente Bush para resolver la deuda argentina del 2001? Porque un colaborador, Heraldo Muñoz, había estado en la universidad con Condoleezza Rice. Pero ¿por qué había cursado la universidad con Condoleeza Rice? Porque había ido a estudiar a Estados Unidos después del golpe en Chile, y conoció ahí a una estudiante que con el tiempo iba a ser consejera de Seguridad del presidente Bush. Esa porosidad cultural, demográfica, personal de la sociedad norteamericana no existe con China. Por tanto, la capacidad de América Latina de incidir en las decisiones de China es nula. La capacidad de incidir en las decisiones de Estados Unidos, sin ser extraordinaria, es mucho mayor, por la porosidad y la convivencia de mucho tiempo.

Lagos: La maduración de China va a ocurrir y ahí veremos una situación un poco más compleja. Vamos a un mundo yo diría bastante asiático, orientado al Asia. India será el número tres en una década. No sé qué va a ocurrir con India. ¿Vamos a tener un G3 de Estados Unidos, China e India? ¿Un G3 en lugar de un G2? Porque hoy día, claramente, el acuerdo de París del año 2015 definió un G2: los presidentes Barack Obama y Xi Jinping se pusieron de acuerdo y listo. Mi inquietud se reduce a que no va a haber reglas ni foros globales en el mundo que viene, y nuestra capacidad de incidir en él, como América Latina, es muy pequeña.

América Latina está en el peor de los momentos. No recuerdo un momento más malo que éste. Ahora bien, para comprender las opciones de América Latina conviene hacer la distinción norte/sur. La forma de tratar a Estados Unidos y a China va a ser distinta en el norte y en el sur de América Latina. Y no porque alguien sea proamericano o prochino, sino por las realidades geográficas. Aun así, hay la necesidad de estar juntos, de hablar y entender nuestras diferencias, y crear ese espacio donde podamos hablar al que nos hemos referido aquí sin cesar, porque es una cuestión muy simple y decisiva. En las crisis es fundamental dónde las administramos, y si no hay esos lugares, hay que crearlos. Yo siempre recuerdo el libro sobre la creación de la ONU: *Present at the Creation*. Le he dado muchas vueltas y he concluido que es más fácil estar *present at the creation* que *present at the recreation*.[1]

Castañeda: Sin duda. Pero no estuvimos *at the creation* de la rivalidad de Estados Unidos y China, y para que América Latina pueda pesar en la, digamos, *recreation* de esa rivalidad, sobre todo en materia económica, es decir comercial, financiera y tecnológica, tendría que hablar, si no con una sola voz, al menos con la suma de algunas voces. Por ejemplo, en tener el derecho a seleccionar lo mejor de cada una de las dos potencias, libertad que no tuvimos del todo en la Guerra Fría anterior. En los momentos decisivos, toda América Latina tendió a alinearse con Estados Unidos, salvo Cuba. Los costos de ese alineamiento fueron muy elevados. Durante muchísimos años el Movimiento de Países No Alineados no incluyó a ningún miembro latinoamericano, salvo Cuba. Entonces, para tener esa libertad hoy, debería de haber una suma de voces que la exigieran, ya fuera en la ONU, en la OMC, en el G20, en el FMI, o en el Banco Mundial, o a través del BID.

[1] Dean Acheson, *Present at the Creation*, Nueva York, W. W. Norton, 1969.

Ninguno de esos foros sirve ahora para este propósito. No hay un grupo de países latinoamericanos que quiera hablar con esa voz única desde eso que se ha llamado "no alineamiento activo". ¿Cómo se podría hacer esto? La única manera, en efecto, es que México y Brasil, aunque no se unan para hacerlo juntos, trataran de convocar encuentros para construir posiciones comunes. Pero no hay el intento de convocar. Peor: ya ni siquiera hay rivalidad entre México y Brasil, ya no compiten; ya sólo se ignoran. Los foros latinoamericanos no funcionan. La OEA está más debilitada que nunca, salvo en temas de derechos humanos. El funcionamiento del CELAC ha sido casi nulo como se demostró en la última reunión de septiembre de 2021. UNASUR prácticamente ha desaparecido, no sé si para bien o para mal. El BID, que podría haber sido una institución lo suficientemente latinoamericana, técnica, objetiva, no ideologizada, se ha perdido con el nombramiento de un estadounidense. Entonces, nos encontramos en una situación muy negativa. Cuando hubo una nueva reunión presencial del G20, México, Argentina y Brasil podrían haberse reunido antes y llevar una posición común. Pero ni Alberto Fernández ni López Obrador asistieron a la Cumbre de Roma, y menos aún se sentaron con Bolsonaro a discutir seriamente, más allá de sus diferencias, para hablar ahí con una sola voz, por lo menos en temas claves como la reactivación económica, el cambio tecnológico, el fortalecimiento de instituciones globales como la OMS, etcétera.

Aguilar Camín: China entra poderosamente a América Latina en la primera década del siglo. La marea rosa viene montada en el *boom* de *commodities* disparado por las compras chinas. ¿Qué tan profunda fue esa entrada de China a nuestros países?

Lagos: Es un periodo de bonanza clarísimo. Chile, por ejemplo, se beneficia mucho pues quedamos en condiciones de vender nuestro cobre a mayor precio, porque los chinos necesitan cobre. En un momento dado, por primera vez, China desplaza a Estados Unidos como el principal proveedor de dólares a Chile. Chile llega a vender el 36% de su cobre a China. Ahí empieza el dilema de hoy, que señala Jorge: ¿hay que optar entre China y Estados Unidos? La respuesta es no y esto es lo que hay que explicar y defender: nuestro derecho a comprar donde mejor nos vaya. El asunto se complicó con Trump, porque se dio cuenta de que Latinoamérica estaba diciendo: "Quiero ser un poco más independiente. No quiere decir que estoy a favor de China. Pero no me obliguen a seguir dependiendo de Estados Unidos como antes, porque China es un jugador global en la América Latina de hoy". Y el tema de no alinearse cobra una nueva urgencia. Un criterio que podríamos poner en esa posición común de la que habla Jorge, que no existe, es, desde luego, la reactivación económica. Hablemos de cómo reactivar nuestras economías, veamos si nos podemos poner de acuerdo en lo que hay que invertir para que nuestras economías recuperen su crecimiento. Un criterio aglutinador, no me canso de repetirlo, podría ser que la inversión sirva para alcanzar alguno de los diecisiete desafíos del milenio. Ya nadie se acuerda de eso, pero es el único elemento de multilateralismo que va quedando en pie entre nosotros. Nos pusimos de acuerdo en algún momento para hacer eso. Bueno, hagámoslo o al menos usemos este criterio para ordenarnos. Me da lo mismo que usted sea de derecha o de izquierda, si quiere más Estado o menos Estado. Nos podemos unir en torno a una metodología para cumplir aquellos desafíos del milenio. Lo que nos urge es un foco ordenador, porque la crisis actual no lo tiene. La de ahora es la única crisis de las tres que hemos mencionado donde Estados Unidos no estuvo presente. Trump dejó su espacio en blanco. La esperanza que quedó para nosotros en esta crisis es Europa. ¿Dónde está América Latina y a dónde debe mirar? Creo que, desde el punto de vista de los valores, lo normal sería mirar hacia Europa. Los europeos están mirando un poco más hacia América Latina, y ahí hay un espacio. Pero lo fundamental que nosotros tenemos que decidir es cómo nos definimos frente a China y frente a Estados Unidos. Ahí, me parece, no debería haber izquierdas ni derechas. Ahí debería privar la necesidad de nuestros países de no entrar a ese dilema. Estados Unidos sigue siendo muy importante como el socio principal de la mayoría de los países latinoamericanos, pero China está en un nivel creciente. Es un tema muy grande y requiere una mirada común. Pondré un ejemplo. Viene la gran demanda global del litio, la nueva maravilla, porque permite almacenar energía. Bueno, hay litio en Argentina, en Bolivia y en Chile. Si no tenemos una mirada común hacia el litio, vamos a terminar compitiendo para ver quién da más facilidades para la inversión. No digo que debamos hacer un frente común sobre el litio, pero sí por lo menos hablar, para sacar ventajas en la transacción.

Aguilar Camín: En México no se pregunta de qué tamaño es la presencia china. Quiero decir, no es un asunto que se ventile públicamente. Es una presencia importante aunque no tiene nada que ver con que compre el 36% del petróleo mexicano, como llegó a comprar el 36% del cobre chileno. Eso no sucede gratis en la relación política con China, ni con ninguna potencia. Habría que precisar el verdadero tamaño de la relación de México y de América Latina con China, porque será un engrane clave del Nuevo Mundo, el mundo posterior a la pandemia y a la invasión de Ucrania. ¿Qué rumbo lleva la relación mexicana con China vis a vis su relación tradicional con la potencia hemisférica que es Estados Unidos? Creo que hay cambios, pero poco significativos, insuficientes para alterar la hegemonía americana, pero suficientes para preguntarnos qué hacer con China de cara a la relación con Estados Unidos. Existe la vieja tentación del nacionalismo mexicano antiestadounidense, y del antimperialismo latinoamericano, de buscar equilibrar la dependencia, incluso de sustraerse a ella. China ofrece de pronto caminos interesantes. Vienen envueltos en buenas ofertas económicas que luego resultan caras, pero que aparecen, de pronto como alternativas reales, como fuentes de ingreso inexistentes hasta ahora. Es la historia del ciclo de auge de las *commodities* sudamericanas. Se debe todo o casi todo a las compras de China. En México, al empezar la pandemia, en vez de ir a Estados Unidos a comprar lo necesario, se inventaron un puente aéreo con China, ridículo desde el punto de vista del volumen, pero no desde el punto de vista del mecanismo mental que está detrás: mostrar una especie de independencia frente a la hegemonía americana.

Castañeda: Es una anécdota sintomática. El gobierno mexicano estableció un puente aéreo de México a Shanghái para traer ventiladores y medicinas. Lo hizo a través de la línea aérea mexicana Aeroméxico, que usa aviones Dreamliners de Boeing, de cuya mitad es dueña Delta Airlines, que acaba de comprar también Latam. De modo que México mostraba su independencia frente a Estados Unidos con aviones norteamericanos de una línea cuya mitad es propiedad norteamericana. Compleja independencia. Pero China sí es clave. Cuando creó su banco de infraestructura, todo mundo corrió a ser miembro. Lógico: ese banco presta dinero sin preocuparse en lo más mínimo de normas laborales, ambientales, trabajo infantil. Muchos países decían: "Qué bueno, ya no tenemos que preocuparnos de las exigencias idiotas del Banco Mundial". Sólo que las exigencias idiotas del Banco Mundial son el resultado de decenios de luchas en todo el mundo de los ambientalistas, de las mujeres, de los pueblos originarios, de media humanidad, para que hubiera esa condicionalidad, para que no se pudiera destruir, y si las querías destruir, no te daban el dinero. Los chinos, sí.

Lagos: Los chinos parten de la base, creo yo, de que en el mundo China ha sido siempre lo más importante: el centro del mundo. Hace dos mil años, y hasta hace quinientos años, China era la economía número uno del mundo, salvo que el resto del mundo no los conocía. Los chinos estaban parapetados frente al resto del mundo, encerrados en sí mismos para que no los invadieran. De ahí la Gran Muralla. Perdieron el tren y dejaron de ser el centro del mundo con la Revolución Industrial europea. Y fue ahí, en los últimos doscientos años, cuando Occidente pasó a ser el número uno. Para los chinos, estar disputando ahora la hegemonía mundial con Estados Unidos quiere decir que las cosas están volviendo a la normalidad. Lo que a mí me impresiona de China es que hablan de lapsos históricos de dos mil años. Te dicen con toda seriedad que el Partido Comunista hace lo que antes hacían los emperadores chinos, que tenían que asistir una vez al año al examen de los más brillantes estudiantes que terminaban sus estudios. Y el emperador escogía a los más brillantes para las tareas del gobierno, para el engrandecimiento del imperio. Te dicen hoy, con toda seriedad, que los 80 millones de miembros del Partido Comunista hacen, colectivamente, lo que hacía el emperador hace dos mil años: elegir a los mejores para que trabajen en el sistema público. Es un mundo realmente distinto al nuestro. Para empezar, por lo que estoy diciendo: nosotros medimos en siglos, ellos miden en milenios. Si tú preguntas qué va a pasar en cincuenta años con Taiwán o con Hong Kong, no estás entendiendo su perspectiva del tiempo. Ahora, si lo pensamos bien, hay un punto ahí que es referencia obligada: el de la Guerra Fría entre Estados Unidos y la Unión Soviética. ¿Cuándo terminó esa Guerra Fría? Cuando los soviéticos fueron incapaces de seguir los desarrollos tecnológicos estadounidenses para la defensa nuclear que, en la década de los ochenta, tenía un costo sobrenatural para lo que podían hacer los rusos. Ahí entendió el poder soviético que no podía seguir la carrera armamentista cara a cara con Estados Unidos. Porque gastaban el 40% de su economía en defensa y no podían seguir aumentando el gasto al ritmo americano. Cuando Estados Unidos anuncia que tiene este paraguas nuclear y que las bombas las va a hacer explotar antes de que toquen su territorio, la Unión Soviética se da cuenta de que no está en condiciones de responder. Creo que ése es el momento en el que Gorbachov toma la decisión que conocemos. Fue el tamaño de la inversión en armamento lo que determinó el fin de la Guerra Fría, el colapso soviético. Es un tema que se nos olvida a veces: la importancia, no del crecimiento, sino de cuánto puede una potencia destinar a hacer cañones. Hasta hace poco el presupuesto militar estadounidense era igual al de los diez países siguientes. Lo que Estados Unidos gastó en la guerra de Vietnam fue equivalente al presupuesto entero y un poquito más de países como Francia e Inglaterra juntos. Creo que China no tiene prisa en esto. Ven el mundo de hoy con una perspectiva de mil años o dos mil atrás. ¿Dónde estábamos entonces? ¿Dónde estamos ahora? Ah sí, hubo este pequeño accidente que fue la Revolución Industrial y nos dejó atrás. Ahora nos estamos recuperando. Creo que esto les da mucha seguridad, ¿no?

Aguilar Camín: Desde luego, pero creo con Castañeda que la superioridad estratégica americana se mantendrá en lo fundamental durante este siglo. No tiene que ver sólo con el tamaño de la economía, ni sólo con la potencia militar. Quizá tiene que ver sobre todo con la calidad de la generación de conocimiento, en particular ciencia y tecnología, y con el *soft power*, es decir, la capacidad de emitir contenidos globales en la cultura, en la ciencia, en el gusto de la gente. De todo esto está hecha la Nueva Guerra Fría. Para nosotros la pregunta es si hay una tentación china en América Latina en el contexto de esa Nueva Guerra Fría. Creo que hay una tentación y una oportunidad. Yo creo que a México la tentación le va a entrar por la decisión que ha tomado el gobierno de no licitar sus obras públicas, sino entregarlas en asignaciones directas. La tentación de darles obras públicas a mexicanos asociados con chinos va a ser enorme. Por el mecanismo mental de que hablamos: acercarse a China es independizarse de Estados Unidos, achicar la dependencia. Es perfectamente posible que cuando despertemos de este procedimiento de asignación directa de obras públicas, China esté metida en la construcción de un montón de cosas en México. Pero esto es una pura conjetura. La tentación China sobre México, dicen algunos conocedores, es tener una inserción en el paso ferroviario del Istmo de Tehuantepec, consolidar su acceso al litio de Sonora, donde ya hay una planta china, y aprovechar el ambiente político amigable que pudiera haber para su despliegue. Lo del litio ha tomado un giro inesperado porque el gobierno parece haber descubierto en el litio un gemelo del petróleo y se plantea nacionalizarlo y constituir una empresa estatal, como Pemex, para su explotación. Lo que sí es cierto también es que la tentación mexicana de acercarse a China da a un cierto flanco del independentismo y el antiimperialismo latinoamericano: es el único país en donde podemos pensar, un tanto ilusoriamente, que se equilibra nuestra dependencia respecto a Estados Unidos. Creo que esto es más claro desde el Cono Sur que desde México. Pero la verdadera oportunidad para México en el enfrentamiento de China con Estados Unidos —y así lo apuntan, con creciente ansiedad, muchos observadores— no es volverse aliado sino competidor de China, volverse el receptor estratégico de lo que pierda China como exportador de bienes a Estados Unidos. México podría sustituir muchas de las exportaciones que China hace hoy al mercado norteamericano. La desesperación de algunos observadores es que no ven al actual gobierno de México consciente de esa oportunidad ni dispuesto a aprovecharla, porque necesitaría volverse un gobierno amigable con la inversión privada nacional y extranjera, y es más bien lo contrario.

Castañeda: En México la opción china no se discute mucho; no es un tema central. Enrique Peña Nieto buscó al principio coquetear con un tren chino y alguna otra iniciativa; invitó a Xi Jinping a México. El asunto no prosperó por muchas razones. Se decía en esa época que la idea no le gustó a Obama y que éste se lo dijo a Peña Nieto en 2014. Puede o no haber sido cierto, pero el hecho es que muy rápidamente se enfrió la opción china. Y no he oído que se discuta otra vez, sino hasta el famoso puente aéreo de 2020, que fue más *show* que otra cosa.

Aguilar Camín: Bueno, según Luis de la Calle, un consultor experto en este tema, hay cuatro cosas que el gobierno de México debería hacer para aprovechar la opción enorme de inversión, productividad y comercio que le abre el enfrentamiento sinoamericano. Primero, mejorar los sistemas de transporte ferroviarios, aeroportuarios y portuarios del país. Segundo, hacer las inversiones necesarias en tecnología para poder competir con China y para captar las inversiones que vendrán en cascada del auge de la economía estadounidense. Tercero, crear una abundante oferta de energía barata y limpia, y atraer, producir y retener ingenieros. Cuarto, garantizar el respeto a las reglas de inversión, a los contratos vigentes y a los nuevos: garantizar el Estado de derecho. Pero ninguna de estas cosas hace México. Más bien todo lo contrario. Y en esa especie de obsesión de remar hacia el pasado del gobierno de López Obrador, tiran por el caño la oportunidad de competir con China, y ganarle, al menos en nuestro gallinero.

Lagos: En el ámbito tecnológico, en cambio, China está entrando con mucha fuerza. Ha entrado Huawei sin duda alguna. Yo para poder conectarme cuando estoy en una parcela cerca de Santiago me llevo un Huawei. Y este año están participando los chinos en algunas licitaciones públicas.

Aguilar Camín: Bueno, el aeropuerto de la Ciudad de México está lleno de anuncios de Huawei. Donde había sólo Telcel ahora sólo hay Huawei. Y recientemente tuvimos una visita en la revista *Nexos* de ejecutivos de Huawei en México. Nos contaron sus planes. Quieren desarrollar una política de comunicación estratégica en torno a las tecnologías del mundo 5G como la única puerta de entrada a un horizonte de prosperidad posible en el mundo del siguiente medio siglo. Para ellos, el mundo 5G es a la economía de hoy lo que el motor de vapor a la Revolución Industrial. Lo interesante es que en esta fase de comunicación corporativa hacia México y hacia América Latina, Huawei está tratando de cubrir todo el terreno: quiere estar presente con sus temas, no necesariamente con su marca, pero sí con esos temas, en todos los medios: los medios grandes y los chicos, los espectaculares de la ciudad, los *influencers* de YouTube, las revistas de modas y las de intelectuales: todo el terreno, no queda nada fuera en su estrategia comunicacional, muy inteligente, muy flexible.

Castañeda: Una joya de la corona en disputa es la línea troncal de fibra óptica de la Comisión Federal de Electricidad. Desde hace tiempo, bajo Peña Nieto, surgió la idea de usar la red eléctrica mexicana para tender una troncal de internet muy potente a todo el territorio mexicano, desde luego a lo largo de la frontera. Huawei buscó ganarse ese contrato gigantesco para lograr una presencia tecnológica dura en la frontera con Estados Unidos. Los estadounidenses le han avisado a los mexicanos de un modo o de otro que eso no hay ni que pensarlo, que ni se les ocurra entregarle el contrato a los chinos. No sé en qué esté el asunto pero dudo que López Obrador cambie de parecer.

Lagos: Viendo caso por caso, cada vez me queda más claro que a lo que China está jugando es a modificar el tablero mundial y siente que le ha llegado la hora, y en ese contexto aborda de forma distinta América Latina del Norte y América del Sur. Globalmente, lo que ocurrió mientras Estados Unidos estaba absorto en su elección, es que China avanzó con los países del Asia, incorporó a Japón, a Corea, a Australia y a Nueva Zelanda, un tercio del mundo desde el punto de vista de la producción económica global. Y se preparan para abordar el TPP y aumentar su influencia mundial. Pero ustedes se dan cuenta de que China en el TPP y China en el Asia está teniendo una cobertura en expansión. Además, sabemos la presencia que tiene en África. Adelante está el tema del cambio climático, que va a cruzar todo, porque el presidente Biden está con todo en materia de cambio climático. Creo que los chinos no se le van a quedar atrás. Han anunciado ya para el 2050 una economía con cero emisión de gases de efecto invernadero. Y está el tema de la competencia tecnológica, que los chinos ven como su oportunidad, ven que su mundo nuevo está en el ámbito de las tecnologías. El tema sorprendente siempre con los chinos son los números. El número de estudiantes chinos que estudia ingeniería en Estados Unidos es mayor que todos los ingenieros que se reciben en Alemania en un año. El número de ingenieros chinos en general es mayor que el de todos los ingenieros del mundo. Unos expertos alemanes me comentaron una vez: no se puede competir con China. ¿Cómo competimos nosotros con nuestros 60 mil ingenieros al año con los 2 millones de ingenieros chinos por año? Los números cuentan y van a contar mucho. Ahora, para continuar en el tema latinoamericano, yo creo que hay una cuestión clave a considerar, y es ésta: como resultado de la pandemia, todos los países vamos a tener que reactivar nuestra economía y eso significa inversiones. Vamos a tener que gastar. Hay que enfrentar esta pandemia endeudándonos más, ya veremos cómo lo pagamos. Mi idea, ya lo he dicho, es que si vamos a hacerle frente a la pandemia con una inversión fuerte para reactivar la economía, hagámoslo pensando en los objetivos del milenio. Pero esto va a implicar definiciones sobre qué nuevas tecnologías queremos usar: las que salen por China o las que vienen de Estados Unidos. Necesitamos tener libertad para usar de ambas. Pondré un ejemplo: cuando Chile decidió sobre la fibra óptica que iba a comunicarlo con el resto del mundo, optó por no ir hacia China o Japón, sino hacia Australia, y tener entonces nuestra conexión con el resto del mundo vía Australia. Más lejos pero más equilibrado. De estos dilemas habrá muchos en nuestro camino. Pero el hecho político es que insistentemente vamos a ser obligados a definirnos entre China y Estados Unidos y tendremos que decir: "Por favor, no me obligue a optar, yo no quiero optar, si el mundo va a ser de estos dos colosos que se enfrenten en una guerra comercial, bueno yo tengo que tratar de bandearme lo mejor que pueda". Creo que es posible tener una postura latinoamericana diciendo: "Mire, yo ante esta guerra quiero ser neutral, en el sentido de que trataré de tomar lo mejor de los dos lados". Lo que me queda claro es que la guerra va a venir, o ya está aquí, independientemente de la relación personal entre los presidentes Biden y Xi Jinping, establecida cuando ambos eran número dos de sus países. Xi Jinping recorrió todo el mundo como el número dos preparándose para ser el número uno. ¿Y qué hizo el presidente Obama? Presentó a su número dos, Joe Biden. Bueno, ambos líderes entendieron su rol, se estaban preparando para lo que venía, y por lo tanto, se hicieron amigos en lo personal, hasta donde yo entiendo. Esto ayuda, pero Biden ha sido muy claro en que él también iba a enfrentar con mucha fuerza a China, y es lo normal. Tucídides dijo en su famoso dilema sobre las potencias, que se ha puesto de moda, que la potencia que va a arriba, la potencia dominante, siempre dirá: Todavía estoy arriba, puedo pegarle al de abajo, mientras que el de abajo, la potencia emergente, llegará un momento en que se sienta capaz de desafiar a la de arriba. Por lo cual, lo importante es no equivocarse al decidir en qué momento aplastar al que va subiendo o en qué momento usted desafía al que está arriba, porque ya creció lo suficiente. Y ahí entonces está el reto de que nosotros por lo menos deberíamos de ser capaces de decir algo coherente. Mi pregunta es qué hará Europa. Y yo pienso que Europa va a tomar un camino también pragmático y, por lo tanto, mirar hacia lo que hace Europa nos puede ayudar. Nuestro camino, no hay duda, es el multilateralismo. Hay una iniciativa poco conocida de Macron y Angela Merkel, en busca de una alianza para revivir el multilateralismo, incorporaron a Holanda y luego a tres países más, entiendo yo que están España y Portugal. Chile se incorporó, y lo mismo han hecho Ecuador y Perú. Quizá Chile pueda atraer a Argentina. A la alianza de que hablo se incorporó también Indonesia, y estudian el asunto Marruecos y Jordania. No sé dónde desembocará todo esto pero son búsquedas multilaterales para poder enfrentar de mejor manera la competencia entre China y Estados Unidos. En el fondo, visto desde nuestra historia reciente, es una forma distinta de decir que el eco de la marea rosa latinoamericana está pasada de moda.

Aguilar Camín: Desde luego está pasada de moda, pero presente en el imaginario político de varios países latinoamericanos. Sin ser un ideólogo de izquierda, lo que ha traído el triunfo de López Obrador a México es un alineamiento con la estela de la antigua marea rosa. Lo que está haciendo México en este momento es sumarse a la línea de la ideologización de la política exterior latinoamericana, de la que hemos hablado. Le dio refugio a Evo

Morales. Declaró la existencia de un eje de convergencia con Argentina. Y América Latina se pinta de izquierda. Ha ganado la izquierda con Gabriel Boric, en Chile, una izquierda a la chilena, por fortuna. Pero antes de las elecciones de Chile, había ganado la presidencia de Perú Pedro Castillo, un personaje al que también habrá que considerar de izquierda, muy estimado por el presidente López Obrador, al punto de haberle enviado una misión para ayudarlo en su gobierno. Gustavo Petro ganó las elecciones en Colombia y todo indica que Lula ganará en Brasil este octubre. Quedarán en el continente pocos gobiernos de centro o liberales: Ecuador, Paraguay, Uruguay, Costa Rica, Panamá. La pandemia y su crisis han inclinado el péndulo político hacia una especie de nueva marea rosa latinoamericana, aunque distinta de la anterior al menos en tres aspectos. Primero, la nueva marea de izquierda incluye dos dictaduras más: Nicaragua y Venezuela. En la primera marea, estaba sólo Cuba. Las dictaduras han avanzado en la izquierda continental. Segundo, los nuevos gobiernos de izquierda no tienen un horizonte de crecimiento económico, ni el *boom* de materias primas que caracterizó la primera ola. Llegan con las economías gastadas y contraídas. Tercero, México forma hoy parte activa de la ola de gobiernos latinoamericanos de izquierda, que quieren batir al neoliberalismo desde la legitimidad de sus triunfos democráticos. No hay en esa nueva ola de gobiernos, empezando con México, una visión clara de cómo hacer crecer la economía. Tampoco hay un compromiso muy claro con la democracia. La nueva marea tiene tentaciones populistas y tolera fraternalmente a las dictaduras de izquierda del vecindario. En el nuevo ciclo latinoamericano rechinarán el mercado y la democracia. Los nuevos gobiernos de izquierda latinoamericanos tendrán que hacer un acto de pragmatismo para plantearse desde la izquierda este camino del multilateralismo no alineado, viendo con claridad lo que les conviene a todos o los puede hundir a todos, y cómo ponerse desde ahí juntos frente a Estados Unidos y China. Juntos va a ser difícil convencer a Biden de que tenemos derecho a comprar donde queramos, a optar libremente entre el paradigma tecnológico chino o el paradigma estadounidense. Pero separados, país por país, simplemente no hay manera. La estrategia americana en su enfrentamiento con China va a desplegarse país por país, no sólo en las cuestiones tecnológicas y económicas, también en otras asignaturas pendientes como la migración, la guerra contra las drogas, el crimen organizado o el terrorismo. Y ahora, con Biden, las coordenadas del cambio climático. Lo perceptible en la región frente a todo eso es un realineamiento hacia el eje ideológico de la marea rosa, que la verdad nunca supo hablar con Estados Unidos, todo lo contrario, y hoy, al parecer, tampoco.

Lagos: Bueno, la pregunta que habría que hacerse es si eso tiene que ver estrictamente con ideología o tiene que ver también, en el caso de México, con la realidad de los tres mil kilómetros de frontera con Estados Unidos. Lo de Brasil es distinto, porque se relaciona con el cambio climático: Brasil es el único país del mundo que por deforestación emite más que lo que emite por producto interno bruto. Fíjense lo que estoy diciendo, Brasil es la economía más grande de América Latina. Bueno, lo que contamina esa economía cada año con su producción es menos que lo que contamina cada año la deforestación de la Amazonia. Ahí viene entonces la discusión del mundo. La Amazonia es el gran pulmón de la Tierra, por lo tanto, mantener el espacio verde es fundamental para que no lleguemos al punto de no retorno en materia del cambio climático. El negacionismo de la ciencia por parte del presidente Trump le sirvió a Bolsonaro, pero con el tema del cambio climático pasamos ya a otro nivel, porque ya estamos poniendo sobre la balanza las posibilidades de que nuestros hijos o nietos puedan subsistir: lo que peligra es la especie humana en este planeta. Esto hace el tema más complejo y de consecuencias más globales. Tengo entendido que estaban prácticamente de acuerdo MERCOSUR y la Unión Europea para firmar finalmente el acuerdo de libre comercio, pero Macron dijo: "Yo no firmo mientras no se clarifique la emisión de gases de efecto invernadero de Brasil". Y no se ha firmado.

Castañeda: Está además el desacuerdo político como tal. López Obrador y Bolsonaro están en las antípodas en la OEA, en la ONU, en el BID, en todas las instancias están enfrentados, sin ningún diálogo, sin ninguna visita recíproca de ministros de relaciones, de defensa, de economía. Siempre hubo rivalidad entre México y Brasil, pero siempre hubo también un diálogo constante, con el presidente Cardoso, también con Lula, pues los presidentes mexicanos tenían una disposición favorable; Fox la tuvo, en parte, Calderón la tuvo con Lula y Peña Nieto también. Ahora no hay nada, y eso dificulta enormemente las convergencias.

Aguilar Camín: Tenemos un problema adicional en México respecto de la conversación con los Estados Unidos, porque el actual presidente mexicano está querellándose con su actual colega de Washington. Curiosamente no se querelló con el antecesor. Lo que hizo con Trump fue aceptar lo que éste le exigía, contener la migración centroamericana hacia el norte, como diciendo: "Yo hago lo que tú me dices y tú déjame hacer a mí lo que yo quiero. Me someto a lo que me pides pero en todo lo demás respeta mi soberanía". Lo que hace el gobierno mexicano dentro de su territorio afecta a muchos intereses americanos, pero al presidente Trump no pareció preocuparle esto. Sólo le importaba contener la migración. No parecía que iba a suceder lo mismo con Biden, pero el cambio no ha sido muy grande. El de Biden es un gobierno más profesional, que atiende más el conjunto de la relación bilateral, y sólo esto ya es un cambio. Por las razones obvias de la convivencia desigual, siempre ha existido una tensión muy fuerte entre México y Estados Unidos. Hay una agenda común enorme, toda ella conflictiva, que requiere muchísima atención. Es una relación que está en tensión constante, que se distendió al simplificarse con Trump, pues se concentró sólo en la migración, pero ha adquirido parte de su antigua complejidad con Biden, particularmente en asuntos de energía y en la exigencia de que se cumplan las normas del tratado comercial, que el gobierno mexicano tiende a violar siempre que puede. Esto enciende alarmas y tensiones, porque tenemos un gobierno mexicano increíblemente aislacionista. Teniendo una frontera de ese tamaño con Estados Unidos, teniendo ese peso en la región, está más bien en el ánimo de yo quiero jugar solo, quiero cambiar mi casa, quiero transformar mi casa y lo que yo necesito del mundo exterior es que no se metan conmigo y no me estorben. Ya me respetarán cuando vean mis resultados. La mejor política exterior es una buena política interior, etcétera. Entonces, México, que podía haber tenido a través de los tratados de libre comercio un camino interesante hacia el mercado americano, pues no está en disposición de jugar ese papel. México, que era un país que basculaba entre Estados Unidos y América Latina, está con las ganas de no estar en el medio, quiere más bien alinearse con la nueva marea rosa latinoamericana. Y no se ve al gobierno de Biden presionando gran cosa en otro rumbo.

Lagos: Otra posibilidad de multilateralismo frente a la nueva situación internacional fue planteada hace poco por Josep Borrell, el alto comisionado y vicepresidente de la Unión Europea. Borrell dijo que había que terminar rápido el acuerdo Europa-MERCOSUR para emprender una operación grande Unión

Europea-América Latina. Le preguntaron si con la llegada de Biden renacería la Alianza Atlántica y él respondió: "Bueno, usted se está refiriendo a la Alianza del Atlántico Norte, que sin duda puede renacer, pero a mí me gustaría pensar también en la Alianza del Atlántico Sur". Y dijo lo que ha sido obsesión en estas pláticas nuestras. Hace demasiados años no hay reuniones de los jefes de Estado de América Latina con la Unión Europea. Por qué no nos proponemos una reunión el año próximo con una agenda previamente trabajada, y propuso algunos temas: el mundo de la cooperación digital, el tema de las políticas de la biodiversidad y el cambio climático, habida cuenta de que América Latina representa la mitad de la biodiversidad del mundo; el tema de la reactivación económica y la desigualdad social después de la pandemia; el tema de la convergencia cultural mediante idiomas parecidos, historia, valores, cultura comunes. Me pareció interesante como planteamiento, no sé cuánto de eso es real, lo que sí me queda claro es que tanto Europa como nosotros estamos viendo que se van a restablecer buenas relaciones con Biden en la escena internacional. Dicen que habría un vivo interés del secretario general de Naciones Unidas de que a través de Biden pueda haber de nuevo un multilateralismo activo. Quizás eso deja espacio a un emprendimiento más efectivo de relaciones América Latina-Europa, frente a la lucha por la hegemonía entre China y Estados Unidos, el dilema de Tucídides y todo eso de lo que hablamos aquí. Nos podemos apoyar recíprocamente para tener ciertos rasgos de soberanía en nuestro actuar vis a vis a estas dos potencias económicas que van a empezar a ocupar de una manera creciente el escenario internacional.

Castañeda: Es una buena pregunta: ¿cómo será el nuevo multilateralismo en la era pos-Trump? No va a ser simplemente reconstruir lo que había, sería muy difícil. Algunos asuntos van a resultar sencillos. Biden simplemente revirtió la decisión de Trump de salirse de la OMS. Volver al TPP se antoja más difícil, porque renegociarlo será muy complicado. El nivel de enfrentamiento con China es mucho mayor hoy que en la época de Obama. En parte por Trump, pero en parte por hechos objetivos, estructurales. En Naciones Unidas no va a haber reforma del Consejo de Seguridad, porque a ninguno de los cinco miembros permanentes les conviene. Tienen poder de veto y ese veto vale oro. No lo van a entregar. Es lo que te define como gran potencia en el mundo, al igual que la bomba atómica. Me gusta la idea de ese acercamiento multilateral Europa-América Latina. Pero sin perder de vista el prisma de la Nueva Guerra Fría. Si la presencia China en América Latina, sobre todo en América del Sur, comenzara a politizarse de más, a ideologizarse, a tener algún viso de impacto militar, de expansión del *soft power* chino, entonces a lo mejor los norteamericanos se espantan y dicen: "No, a ver, espérense, esto no: ustedes no se pueden meter aquí". Pienso en lo que fue la crisis del Caribe de 1962. Es decir, que se aterren los norteamericanos por la "excesiva" presencia china en el hemisferio occidental y entonces dieran una respuesta no militar contra China, sino económica: de políticas sociales, de dinero para el desarrollo, una especie de nueva Alianza para el Progreso de los sesenta. Pero si se enojan, es real también que pasará lo de Chile con la fibra óptica, donde Chile tiene que optar por la fibra óptica vía Australia, no con China. México vivió la cancelación del tren chino, y a Brasil el encargado de Seguridad Nacional de Trump fue a leerle la cartilla sobre su relación con China. Ese paralelismo histórico con la Guerra Fría en 1962 quizá no está del todo fuera de lugar en el horizonte. Claro, los chinos tampoco son ingenuos y no van a lanzarse a una aventura de mayor aterrizaje en América Latina si creen que pueden provocar una reacción americana virulenta. Conviene subrayar, como lo ha hecho Ricardo Lagos, que existe una gran diferencia entre México, Centroamérica y el Caribe, por un lado, y América del Sur, por el otro. La segunda ha encontrado en China un enorme mercado para sus exportaciones de *commodities* y una fuente de inversión; el primer grupo de países, no. Ni México, ni casi ninguna de las naciones de la cuenca del Caribe produce las materias primas o los productos primarios que consume China, ni recibe la consiguiente inversión en tierras, minería, petróleo e infraestructura. Sus exportaciones son de manufactura o servicios, y se dirigen a Estados Unidos. La región se encuentra partida a la mitad por sus distintas formas de inserción en la economía mundial.

Lagos: Lo que ha hecho la UE es una reflexión de qué posición tomar en el nuevo escenario. Lo que se ve es que China sale fortalecida de la pandemia, y Estados Unidos siente que el espacio dejado tanto tiempo por Trump no es fácil de recuperar. Los chinos se consideran muy fortalecidos hoy día, ésa es la verdad, y están tomando medidas muy concretas. Acá llegó un embajador de China, muy atento a la política local. Si un diputado decía que no hay libertad en China, él le mandaba una carta a través de la prensa y le pedía al diputado que explicara por qué decía tal cosa de las libertades en China. Chile participó con la armada de los Estados Unidos en unos ejercicios conjuntos por las islas del Mar del Sur. Fue motivo de protesta de parte de China, al punto de que mandaron llamar al embajador como una demostración de la molestia. Por supuesto esos ejercicios los hace la armada americana todos los años, pero una cosa es que lo haga la armada americana y otra cosa que una fragata chilena participe. Yo veo una China muy enérgica en sus cosas, y Xi Jinping quiere tener una relación de igual a igual. Por cierto, también se molestaron por lo de la fibra óptica de Chile que fue para Australia y no para ellos. El hecho, ya lo he dicho, es que el 36% del cobre que exportamos en Chile se exporta a China. Estados Unidos antes era el primero, ahora está en el lugar número 18 o 20 máximo. Los chinos son los que compran todas nuestras cerezas y los productos agrícolas. Toda la clase terrateniente agrícola poderosa de Chile está muy contenta con los chinos. Algo parecido le pasa a Perú. Creo, en efecto, que hay una diferencia entre lo que es Estados Unidos, México, Centroamérica y los países del Caribe, una esfera de influencia normal, y la América del Sur, o sea del Canal de Panamá para acá. La presencia de China en Brasil es grande. Y todas las *commodities* latinoamericanas del sur iban y van a China. Entonces el crecimiento económico de América del Sur en gran parte es la demanda china. Se añade otro tema y es que los europeos van a criticar que las exportaciones se basan en una producción que contamina y van a plantear un impuesto verde alegando que cuando se exporta soya se está exportando la deforestación en Brasil. La tendencia de América del Sur entonces va a ser seguir exportando a China. Así creo que América del Sur va a quedar más cerca de Alemania, que no quieren enfrentarse a China. Vamos a estar cerca de Merkel diciendo: "Mire, comercio es comercio, no política".

Aguilar Camín: Yo creo que eso puede transitar: comercio es comercio. Pero creo también que lo que va a suceder en América Latina respecto de la presencia china es que difícilmente Estados Unidos permitirá que quede en manos chinas alguna infraestructura crucial o alguna ventaja estratégica o tecnológica decisiva. La Doctrina Monroe suena muy lejana pero es una tonada que oiremos cada vez más frente al tipo de presencia china que Estados Unidos no quiera ver en el continente.

III. América Latina a la hora de Biden

Héctor Aguilar Camín: Se fue Trump, llegó Joseph Biden. Mucho ha cambiado, mucho sigue igual. ¿Cómo queda Estados Unidos frente a sí mismo después del triunfo de Biden? ¿Qué esperar de Biden, cuáles son sus retos? ¿Cómo queda Estados Unidos frente al mundo, en el mundo? ¿Y qué esperar para América Latina en esta nueva era de Washington?

Ricardo Lagos: Estamos en presencia de un Biden inédito. Está apretando todas las teclas. Por una parte cambia el manual de corto plazo del mundo financiero. Dice: "Son de los países con más muertos del mundo. Los tres países con más muertos totales son: Estados Unidos, India y Brasil. México aparece oficialmente con 325 mil muertes, pero sus muertes en exceso registradas oficialmente son más de 600, en el rango de India y Brasil. Voy reactivar la economía subiendo el gasto a 1.9 trillones de apoyo directo más otros 3 trillones para infraestructura", definida en un sentido muy amplio, que incluye infraestructura de servicios (y que no pudo pasar por el Congreso). Por otra parte, su activismo internacional ha sido notable. Decidió la salida de Afganistán, al precio que fuera, y está siendo muy alto. Enfrentó a Putin, llamándolo asesino, le marcó el alto a su intervencionismo electoral por internet y pintó una raya respecto de Ucrania. Luego vino la invasión rusa a Ucrania que desacomodó el tablero profundamente, como hemos hablado. Pero antes de eso Biden había dado pasos claros para retomar el liderato internacional perdido o descuidado por Trump. Al tiempo que tenía a un ministro muy importante hablando en Shanghái sobre cambio climático, tenía otro ministro igualmente importante hablando en Taiwán, reconociendo a Taiwán como interlocutor, a sabiendas de que esto despierta la ira de China. Avanzó rápido hacia Europa, donde el espacio dejado por Trump en parte lo habían llenado los chinos, al punto de que China superó a Estados Unidos en su intercambio comercial con Europa. En cuatro años de Trump se cambiaron esos números, por así decir. El dinamismo de Biden rompe esquemas y tiene consecuencias. De sus decisiones de gasto, por ejemplo, tiene que tomar nota el Fondo Monetario Internacional: Estados Unidos está gastando sin techo. Y además ha propuesto un impuesto internacional, porque obviamente el capital se va donde calienta el sol y tenemos que ponernos todos de acuerdo en cómo hacer que paguen impuestos. Ahora, ya lo dijimos, como potencia que es, sus decisiones de política doméstica afectan al mundo entero.

Aguilar Camín: En su libro *Anatomía de un instante*, Javier Cercas recrea la ofensiva política de Adolfo Suárez durante la transición democrática española. En once meses fulgurantes Suárez cambia todo, establece la ley para modificar las Leyes Fundamentales de Franco, legaliza al Partido Comunista Español, establece los Pactos de La Moncloa y hace la Constitución con el Estatuto de las Autonomías. Cercas cita un pasaje de Maquiavelo donde dice que el príncipe tiene que ir muy rápido y sorprender siempre a sus enemigos con sus decisiones para que no tengan tiempo de reaccionar o de organizarse para combatirlo. Biden empezó su presidencia así, en modo *fast track*. Pero esto no quiere decir que haya ganado la partida. Tiene al país polarizado, una mayoría pequeña en el Congreso y una aprobación frágil, que el retiro de Afganistán afectó visiblemente. La invasión rusa de Ucrania, que reacomodó la geopolítica mundial, marcó un antes y un después, y para muchos observadores marcó el fin de la hegemonía global americana. En otro sentido, fortaleció a Biden, pues lo volvió el líder claro de la respuesta de Occidente a la invasión rusa. Ahora bien, antes, durante y después de eso, como siempre en Estados Unidos, Biden estaba inmerso en los laberintos de la república imperial de la que hablaba Raymond Aron, es decir en las exigencias de la política interna de la república que acaban siendo definitorias de la política exterior del imperio.

Lagos: Hay un problema serio de política interna en Estados Unidos. Deben encontrar un punto de equilibrio, en el que el Partido Republicano vuelva a ser lo que era. El problema de arranque de Biden fue que debía recuperar un núcleo republicano con el cual conversar civilizadamente: "Usted es mi adversario político, usted es republicano, yo soy demócrata, pero debemos tener algún vínculo de *fair play*". No sé qué posibilidad haya de generar eso. Visto desde acá, lo primero que uno se pregunta es qué va a hacer Trump, porque Trump tuvo una cantidad de votos muy alta. ¿Existe un trumpismo sin Trump? ¿Qué futuro hay para el trumpismo sin Trump y para el trumpismo con Trump? Creo que es un tema que no está resuelto. Estuve leyendo un artículo sobre las diferencias de Silvio Berlusconi y Trump. Son idénticos en todo, salvo que Berlusconi sabe cómo perder, porque es parte de un sobreentendido de que espera volver de nuevo. Perdió tres veces y se fue contento las tres veces, porque sabía que iba a volver. En cambio Trump se fue de la peor forma, hasta con un asalto al Capitolio. Y eso va a tener un efecto importante en el sistema político, y en la imagen de Estados Unidos en el mundo. El tema de fondo quizás es cuándo se va a revisar lo que hicieron los padres fundadores.

Jorge G. Castañeda: Es obvio que todo este sistema es aberrante para el país que es hoy Estados Unidos, con su diversidad y sus polarizaciones. Es un sistema absurdo, donde los votos no valen lo mismo. Se ha vuelto un sistema antidemocrático, punto. Ésta fue la séptima vez en las últimas ocho elecciones, en la que el candidato demócrata ganó en el conteo del voto popular porque prácticamente es imposible que un republicano obtenga más votos a escala nacional. Pero los republicanos han ganado el puesto de presidente cuatro veces: Bush padre, Bush hijo dos veces, y Trump. Estados Unidos debe hacer cambios que permitan ajustar un sistema electoral y político que es completamente anacrónico, antidemocrático y que les impide hacer las grandes reformas que el país requiere. Si vemos las respuestas de los votantes en las encuestas de salida de la elección de Biden, hay una clara opinión mayoritaria en favor de cosas muy positivas: el seguro médico universal, el salario mínimo en 15 dólares, la educación pública superior gratuita, guarderías infantiles universales y gratuitas, un impuesto patrimonial. Hay mayorías claras a favor de incluso algún tipo de regulación de la venta de armas, pero es imposible lograr esos cambios. Ahora, ¿pueden conversar demócratas y republicanos, hay espacios de convergencia entre ellos? El mayor, sin duda, es el tema del enfrentamiento con China. También habrá negociaciones de conveniencia en algunos asuntos de la agenda verde. Sí pueden encontrar algunos votos republicanos que acompañen la agenda anticarbón, que será muy complicada para los demócratas, pues tienen estados como Pennsylvania y Virginia Occidental que necesitan para su mayoría en el Congreso y que son estados emisores de carbón. También hay coincidencia en que Biden promueva que los empleos regresen a Estados Unidos para buscar el apoyo de la clientela trumpista del Rust Belt. Recordemos que Kamala Harris votó en contra del T-MEC como senadora. Fue una de las diez senadoras que votaron en contra, no sólo buscando que no se sigan yendo los empleos a México, sino que vuelvan a Estados Unidos. Los demócratas ven muchas disposiciones del T-MEC como instrumentos para impedir la salida de empleos y promover su regreso. Estos espacios de convergencia están ahí, pero lo que suceda va a depender mucho de los chantajes que pueda ejercer Trump, de si mantiene a sus seguidores y se mantiene activo. Si puede chantajear a los republicanos metiéndoles candidatos rivales en las primarias para cada elección, los senadores republicanos le van a tener terror.

Aguilar Camín: Dice Francis Fukuyama que el enemigo a vencer para Washington no está fuera, sino dentro del país. Su polarización interna es tan intensa que pone en riesgo la funcionalidad de su democracia. La democracia americana ha perdido en los últimos años solvencia para manejar su pluralidad, y está en camino de polarizarlo todo. Hay una guerra de opiniones sobre si las vacunas son una cura o una opresión. Se discute cuál es el año fundador de la nación: ¿1619, año del primer cargamento de esclavos, primer año de la esclavitud? ¿O 1776, año de la Independencia, primer año de la libertad? La polarización le roba al país la unidad de propósito en su otra tarea impostergable que es redefinirse como potencia. La polarización llega al extremo de que medio país cree hoy que las elecciones presidenciales fueron un fraude y que el gobierno de Biden es ilegítimo, por el gran lío que armó Trump.

Lagos: Qué habrán pensado de todo esto los que no son muy partidarios de los sistemas democráticos: "Miren las cuentas de estos americanos, nos vienen a dar lecciones y miren en lo que están: un recuento, otro recuento, y un asalto al Capitolio. Que no nos vengan a dar lecciones".

Aguilar Camín: En la cabeza de los líderes chinos la democracia no es una fortaleza civilizatoria sino una debilidad histórica. Según sus cálculos, China prevalecerá. Por su parte, en la dividida y enervada democracia estadounidense de hoy, no hay otro punto de acuerdo que contener a China. Todo lo demás es polarización, bloqueo, desacuerdo, dispersión de incertidumbres sobre su capacidad de liderato global. No es un panorama que dé certidumbre, y menos si en el horizonte se asoma el posible regreso de Trump. Dentro del triunfo de Biden hay los rasgos de un empate democrático catastrófico dentro de Estados Unidos, una polarización que impide resolver claramente los problemas. Biden arrancó extraordinariamente, pero le falta todo el camino para hacer realidad lo que planteó.

Lagos: Esa polarización, esa inmovilidad política, conduce al final, para usar la expresión usual en Chile hoy día, a un estallido social. Cuando usted va posponiendo y posponiendo, va haciendo todo más difícil y al final hay una acumulación catastrófica de no cambios.

Castañeda: Estados Unidos vive hoy una toma de conciencia de sus rezagos sociales, raciales, de género, acumulados a lo largo de los últimos cuarenta años, desde 1980. El actual gobierno estadounidense tenía mayorías en las Cámaras y un mandato amplio para ser un gobierno fundacional, a la Lyndon Johnson, en materia de derechos civiles, o a la Franklin Delano Roosevelt, en materia de intervencionismo estatal. No porque Biden sea un gran líder transformador, sino porque es producto de su circunstancia, de la coalición que lo llevó al poder con una agenda de reformas muy profundas. Pero ese mandato no se ha materializado. Estados Unidos, lo vimos en la pandemia, tiene el mayor déficit social del mundo desarrollado y tuvo la reacción más mediocre ante la pandemia de todos los países ricos. Los dilemas políticos internos de Biden son agudos. Por ejemplo: va a tener que decidir si pone su atención en la miseria rural blanca y trumpista o en la pobreza urbana más negra e hispana. Es probable que por urgencia política se vaya a ir por lo primero, hacia el trumpismo de base, pero la coalición demócrata exige lo segundo, que se vaya por los negros, los hispanos, etcétera. Esto subraya lo difícil que es construir una sociedad de bienestar con políticas dirigidas o focalizadas, en lugar de programas universales. Es el dilema que se discute mucho ahora a partir del segundo libro de Thomas Piketty, entre lo redistributivo y lo predistributivo. La idea de Piketty es que por más que se insista en la redistribución a través de impuestos y transferencias, si la brecha de desigualdad es demasiado grande, nunca se estrecha. Hay que cerrar la brecha *antes* de la distribución, por eso le llaman predistribución, a través de salarios principalmente, con pensiones, con educación. Éste es el problema que enfrenta Biden. Si hace una política universal, por ejemplo, de elevar el salario mínimo a 15 dólares por hora, eso beneficia a los negros, a los hispanos y también a los trumpistas pobres, blancos, varones de 55 y pico de años que perdieron su empleo, y no han conseguido uno nuevo o el nuevo que consiguieron es de 7.50 o máximo 10 dólares la hora. Automáticamente todos ellos se benefician, si se trata de un esquema universal. Pero no es algo específico para los negros que votaron en un 92% por Biden. A esos votantes ahora Biden les tiene que cumplir. Éste es un poco el problema: con quién se quiere aliar Biden y con qué políticas: no sólo con quién quiere, sino con qué políticas.

Lagos: El punto es que va a tener que hacer más cosas si quiere asegurar la continuidad del gobierno demócrata en los siguientes años, y en la siguiente elección. La verdad, alzando la mirada, la trama de fondo es el anacronismo de las instituciones de los padres fundadores. No podemos seguir con la ficción de que todos los estados son iguales, como las trece colonias originales, y que son los estados quienes definen quién es el presidente. Es anacrónico y cada vez menos funcional. Eso desde el punto de vista interno. Ahora, creo que el tema más global, desde el punto de vista de la política exterior, es qué credibilidad va a tener Estados Unidos ahora que vuelve a la arena internacional, no digamos con el poder que tuvo antes, porque ya no lo tiene. ¿Va a recuperar su liderato en el G20, por ejemplo? Le va a costar, pero pienso que valdría la pena, no que volvamos a la situación del 2016, pero sí un mejoramiento de las relaciones con Europa. Pienso que ése debe ser su punto de partida, volver al Acuerdo de París y a partir de eso restablecer una relación con Europa como la de antes. Se entiende la prisa de Biden.

Castañeda: Con Biden hay factores estrictamente políticos internos que explican su prisa. Una es que posiblemente sea el primer presidente de Estados Unidos que no intente la reelección. Hoy está diciendo que la va a buscar, no le queda de otra, pero me da la impresión de que en los hechos no está pensando si le va a ir bien con tal o cual política desde el punto de vista de su reelección. Segundo, sabe que sus mayorías en el Congreso son muy exiguas y que es probable que pierda una o ambas este año, en 2022. Su ventana de iniciativa es de dos años, no más. Si todo funciona y sus decisiones son populares, a lo mejor conserva las mayorías en el Congreso. Pero él está apostando más bien a que no y hay que ir muy rápido. Tercero, porque el partido demócrata se movió mucho a la izquierda y eso lo llevó también a un inicio de gobierno más radical, hacia el gobierno de un presidente no sólo transformador, sino fundacional: el equivalente de Roosevelt y de Johnson en lo interno. Sus primeros cien días mostraron eso en el frente interno: el intento inédito de reconstruir un Estado asistencial norteamericano. Biden aprendió de Obama en términos críticos. Entendió que se había perdido una gran oportunidad. El gran logro de Obama fue ser el primer presidente negro; todo lo demás no importó mayormente, porque no lo hizo especialmente bien, pero ese simple hecho lo consagra en la historia. No necesitaba más, y probablemente Obama actuó así en alguna parte del inconsciente: "A ver, yo ya logré lo que tenía que lograr y ahora lo único que tengo que hacer es no cometer errores".

Lagos: Creo que en el caso del presidente Obama lo que había era el temor de correr de más el cerco. En sus memorias Obama dice de la crisis del 2008 que debió ser más ambicioso. Pero veía a una Europa tremendamente conservadora que no se atrevía a gastar más. Obama gastó más que Europa pero no tanto como hubiera querido y podido. Y ahí está Biden ahora diciendo: "Aprendí la lección, hay que gastar en las crisis". Otro aprendizaje clave de Biden, no hay que olvidarlo, es que durante cinco años tuvo enfrente a Xi Jinping, que era el vicepresidente pero que todo el mundo sabía que iba a ser presidente de China. Biden puede decir ahora: "Yo a él lo conozco y sé hasta dónde estirar la cuerda". Quizá Biden se siente hoy más seguro de lo que pudo sentirse Obama en su momento. Yo creo que eso es muy importante, porque al comienzo de su gobierno me llamó la atención cuando hizo el gran anuncio para reactivar la economía; dijo algo que yo nunca pensé que iba a decir así de claro: "Esto nos permite recuperar el puesto y volver a ser el número uno y que China no se nos ponga por delante".

Castañeda: Un eje de ese esfuerzo es evitar que sus aliados se acerquen demasiado a China. Empezó con Japón y la India.

Siguió con Europa, pero aquí iban muy avanzados los acuerdos de inversiones chinas, y en el ámbito económico no ha habido marcha atrás, por ahora. La invasión de Rusia a Ucrania constituyó un gran reto para Estados Unidos pero también le devolvió el liderato de Occidente. Una de las innegables sorpresas que se llevó Putin a raíz de la guerra ha sido la cohesión de la OTAN y de los aliados de Estados Unidos en Asia bajo la batuta de Washington. Las sanciones, el suministro de armas, la ayuda humanitaria, la aceptación de refugiados incluso por países xenófobos como Polonia, muestran que Estados Unidos aún ejerce una influencia significativa en todas esas capitales, y sociedades.

Lagos: Claro, porque el mundo cambió en el tiempo que Trump dejó de ejercer el liderazgo de Estados Unidos. India había dado pasos muy claros hacia China como el acuerdo comercial que firmaron con los países del ASEAN, que incluye a Australia, Nueva Zelanda, Japón y Corea. Esa asociación hoy día es el acuerdo comercial más grande que existe en el mundo, en términos de PIB y de población. Cuando se pasó al acuerdo del libre comercio, la India se tomó el tiempo. Lo que digo es que este interregno de cuatro años de aislacionismo de Trump ha tenido un costo muy grande para Estados Unidos. Biden trata de recuperar el terreno perdido.

Castañeda: Lo que Biden y su equipo parecen buscar —otra cosa es que lo logren— es mantener dos pistas; con China sostener el discurso crítico de la situación de los derechos humanos en Xinjiang y en Hong Kong, y al mismo tiempo impulsar el entendimiento sobre el cambio climático; mantener el discurso rudo sobre Taiwán y lo que se refiere a propiedad intelectual, empresas estatales y política económica en general, y al mismo tiempo mantener el diálogo y el discurso amable en otros temas de interés, aunque no hay mucho más que el cambio climático, salvo quizás Afganistán y Ucrania. Procuran alcanzar lo mismo con Rusia: ser muy categóricos en el tema de Ucrania, de las tres repúblicas bálticas y de derechos humanos. Así sucesivamente: en cada caso, tratar de hacer las dos cosas a la vez. No es un doble discurso, pero si son dos pistas.

Aguilar Camín: El desastre de Afganistán complicó mucho el panorama. Es el mayor revés sufrido hasta ahora por el gobierno de Biden. Y el mayor reto desde luego es la invasión rusa de Ucrania.

Castañeda: La retirada de Afganistán es la culminación de un proceso que se interrumpió un poco con Clinton en Kosovo y en Somalia, con Bush en Irak y Afganistán, y que básicamente consiste en que la sociedad norteamericana no está dispuesta a mandar a su gente a pelear y a morir a otros países. Lo harían en su país o si su país fuera atacado. El proceso viene desde Vietnam y se fue acelerando con el tiempo, en parte porque se disoció a la sociedad norteamericana de la guerra, mediante el fin del servicio nacional obligatorio, una decisión muy hábil de Richard Nixon en 1972 para desactivar la protesta estudiantil contra Vietnam y contra él mismo. Pero eso hace que a la larga la gente diga de las guerras que emprende su país: "Ésa no es mi guerra". Uno podría pensar que con un ejército puramente voluntario, la gente aceptaría que quien quiera vaya a morir a Afganistán, porque no es mi hijo o si es mi hijo es porque él quiso ir, nadie lo obligó. Pero no es tan así. La protesta también toma el rumbo de "no estoy dispuesto a pagar impuestos para ver ataúdes que regresan, soldados heridos, incapacitados, cojos, mancos, con trastorno por estrés postraumático. Tampoco quiero eso". Éste es un primer aspecto histórico de por qué retirarse de Afganistán tuvo sentido para Biden. Un segundo aspecto es contradictorio y le va a crear muchos problemas. Porque por un lado enfatiza el papel global de Estados Unidos como abanderado de los derechos humanos y la democracia representativa, y como un ejemplo de la superioridad de las democracias sobre las autocracias. Pero por otro lado reconoce que no pudo construir la democracia ni financiar su construcción en Afganistán. Y si llegan los talibanes a maltratar a mujeres y niñas, ni modo. No suena bien, es incongruente. Un tercer aspecto es el mensaje que manda al mundo en su calidad de gran potencia: "Yo ya no voy a ir a estas guerras". Bueno, los demás, sus aliados de la OTAN, tampoco van a ir. Como lo demuestra el caso de la invasión rusa a Ucrania. La intervención de Obama, de Sarkozy y de los ingleses en Libia probablemente fue la última donde Estados Unidos empujó a los otros a hacer el trabajo sucio: "Les doy dinero pero háganlo ustedes". Creo que ya nadie lo va a querer hacer en la forma de una intervención militar. Quedan las opciones tecnológicas: drones, aviones, satélites, misiles, pero los soldados extranjeros en tierras lejanas se acabaron.

Lagos: Afganistán nos devuelve completa la pregunta sobre el problema de largo plazo más complejo: ¿cuál es el rol de Estados Unidos en la política mundial? Estados Unidos parece decir que ya no está por influir en crear democracias artificiales si los propios países no lo hacen. ¿Entonces qué van a hacer con Myanmar? Mirar para arriba. Puede ser, pero ¿Myanmar no tiene que ver con un respaldo tácito de China? ¿Mirar para arriba ante el avance de China? ¿Y qué hace la OTAN frente a las urgencias geopolíticas de Europa? La realidad es que militarmente puede hacer poco, como estamos viendo en Ucrania. ¿Estados Unidos también mira para el techo con lo que pueda ser el tema nuclear con Irán? Creo que lo que no está claro es cómo operará Estados

Unidos su política internacional de primera potencia. Podría llegar a una detente estratégica con China, así como llegó a un entendimiento en materia de cambio climático. ¿Cómo congelo los conflictos? Quiero congelar el tema de Afganistán y de Ucrania, de acuerdo: ¿puedo tener ahí una mano de China o no me va a dar ninguna? Y estoy pensando en China respecto al tema de Taiwán y de Irán. La duda que queda es qué rol va a jugar Estados Unidos, porque seguirá siendo la potencia militar número uno del mundo, pero no sabemos por cuánto tiempo. Ser la potencia militar número uno depende del producto interno bruto que destino a la guerra. El producto interno bruto de China es mayor que el de Estados Unidos: ¿qué porcentaje va a destinar a su ejército? Y ahí entramos a un terreno mucho más complejo. Es decir, el retiro de Afganistán puede tener un costo en tableros distintos de Afganistán, vinculados al papel de Estados Unidos en la política internacional. En la época de Clinton había una sensación de que cuando Estados Unidos decía "participo" podía ser el policía del mundo, ordenar éste o aquel país, resolver Sarajevo, etcétera. Entonces acá yo creo que lo que estamos viendo es un reacomodo del papel de Estados Unidos como potencia mundial, siendo que todavía es el número uno pero en el horizonte se ve que no lo seguirá siendo. Biden no tiene claridad en ser el policía del mundo. Es lo que pasó en Afganistán. Y es lo que está pasando, de forma agravada, en Ucrania.

Aguilar Camín: Vuelvo a Fukuyama. Según él, Estados Unidos ha confiado de más en su poder militar para intervenir en el mundo, y de menos en lo que Joseph Nye llamó su "poder suave", el poder de la economía de mercado, el ejemplo democrático, y la influencia cultural en sentido amplio: innovación científica y tecnológica, ideas, arte, modas y entretenimiento. Creo que tiene razón Nye. Vietnam no fue ganado por el poder militar de

Washington, sino, a través del tiempo, por los valores y las estrategias de la economía de mercado y es hoy un aliado de Estados Unidos en el propósito de contener a China. La misma China, en su exitosa versión de capitalismo de Estado, un capitalismo sin democracia, es una adaptación del autoritarismo milenario a las reglas modernas de productividad, innovación y competencia inherentes al capitalismo. Hace al menos medio siglo que Estados Unidos influye y moldea más a otros países con el despliegue de su poder suave que con el de su establecimiento geopolítico militar, el cual, por otra parte, está lejos de haberse caído en pedazos luego del fracaso en Afganistán o por la impotencia relativa de actuar en Ucrania. Estados Unidos sigue teniendo 200 mil soldados estacionados en más de 150 países. Aunque la derrota en Afganistán y la invasión de Ucrania tienten a sus adversarios a desafiarla en otros puntos del globo, la posición relativa de Estados Unidos como primera potencia global sigue vigente.

Lagos: Hago una observación adicional sobre el origen de por qué van tropas a Afganistán, está muy bien contado después del 11 de septiembre de 2001 en la primera reunión que se hace en el Consejo de Seguridad en un retiro en Camp David al cual ya me referí. Ahí, la primera información que había era que la operación era contra Al Qaeda, que tenía su base en Afganistán. Alguien mencionó a Irak durante la conversación, pero se dijo: "No, eso no tiene nada que ver con el problema, pues los que atacaron son de Al Qaeda y están en Afganistán". Y en la reunión entonces, en el resumen que le pide Bush a Condoleezza Rice, se acordó mandar tropas a Afganistán para destruir a Al Qaeda. Nadie se iba a oponer. Cuando se dio el debate en el Congreso de los Estados Unidos todos estuvieron de acuerdo con lo de Afganistán. Lo nuevo en el horizonte era que había un actor no estatal, no un país sino Al Qaeda. Los agentes rusos habrían dicho respecto de los norteamericanos: "No saben dónde se están metiendo. Estuvimos diez años en Afganistán y salimos igual". Bueno, los norteamericanos llegaron a Afganistán, encontraron a Al Qaeda y destruyeron al número uno. Teóricamente ahí debieron retirarse pero se quedaron, y luego invadieron Irak. Veinte años después era claro que con su ocupación de Afganistán Estados Unidos se había creado un nuevo Vietnam.

Castañeda: Biden siempre estuvo en contra de la presencia en Afganistán. Votó a favor de la invasión en el 2001 como senador, pero con Obama estuvo en contra y la opinión pública está con él. Los generales y los republicanos no, pero su sociedad sí. Como sabemos, en Estados Unidos pesa más la política interna en la política internacional que viceversa. Quisiera volver al tema interno, al tema social, porque ahí también Biden va muy rápido pero le falta mucho, empezando con Obamacare, o sea, cómo acercarse a algo que se parezca a un sistema universal de salud, que cambie las condiciones de los seguros privados. El gran drama en Estados Unidos no son tanto los 20 o 30 millones que aún no tienen seguro, sino los 200 millones de asegurados en malas condiciones, con deducibles altísimos, con exclusiones enormes, con tabuladores muy bajos. El tema se vuelve una pesadilla cotidiana a menos que se pague un plan Cadillac, Platino, como le dicen al seguro que cubre todo lo que uno necesita, incluyendo el tema dental, las medicinas, etcétera.

Luego está el problema de la vivienda. Hay algo sobre vivienda en el segundo paquete de infraestructura pero los republicanos están discutiendo que vivienda no es infraestructura, infraestructura son carreteras. Le falta educación, que se parece en algo a lo de los seguros médicos porque la educación en Estados Unidos ha llegado a ser incosteable. A lo cual hay que agregar el tema racial, que incluye el asunto de las armas: todos los días hay una nueva masacre. Esto último presenta retos muy específicos. Por ejemplo, el que haya policías blancos en barrios negros. ¿Por qué no pueden ser policías negros en barrios negros? Bueno, porque los que aprueban los exámenes para hacerse policías son blancos, los negros no los aprueban, por limitaciones educativas previas, por la desigualdad. Ahora, lo interesante de Biden es que ha colocado todos los temas en la mesa. No los va a resolver todos, desde luego, pero la voluntad de enfrentarlos no se había visto desde Johnson. Para el resto del mundo debería ser una lección, ojalá sea un ejemplo. Sería importante que otros gobernantes vean lo que está haciendo Biden y piensen en sus países en la lógica de lo que Paul Krugman repite todos los días: "Se acabó la era del miedo al gran gobierno, por primera vez se está viendo bien que el gobierno gaste y que haga cosas". Si es así, se trata de un cambio paradigmático enorme.

Aguilar Camín: Si ese cambio de paradigma se traslada a los organismos internacionales financieros, como sugiere Ricardo Lagos, puede haber una gran oportunidad para gobiernos como los nuestros, en América Latina, que no tienen el dinero de Biden y siguen bajo la regla de que todo gasto deficitario es un camino al infierno. El cambio tendría que reflejarse en menos exigencias de parte del FMI, del BID, del Banco Mundial y en mayores flujos de dinero para que los países reconstruyan sus sistema de bienestar social, vivienda, infraestructura, y para que pueda haber gobiernos grandes capaces de invertir en lo que no cubre la inversión privada. En esto, el horizonte que está abriendo Biden desafía el paradigma previo, aunque no sé por cuánto tiempo y con qué costo. Porque al final las cuentas cuadran o no, y siempre hay que pagar.

Lagos: En este tema del regreso a los gobiernos grandes, Biden podría estar resignificando la era de Ronald Reagan, dejando atrás el mantra reaganiano de los gobiernos chicos, que a su vez corregía o resignificaba el estilo de los gobiernos grandes, posteriores a la Segunda Guerra. Algo de ese cambio de paradigma está ya en la conversación, cada vez más frecuente, de que hay que homogeneizar a los muy ricos con impuestos. Veo a la OCDE espantada por los niveles de desigualdad de muchos de nuestros países, diciendo: "Mire usted, debería tener un sistema tributario que produzca una diferencia en la desigualdad, que cambie el índice de Gini antes y después de pagar impuestos". En los países europeos el Gini mejora sustancialmente después de impuestos, y ahora por primera vez la OCDE mencionó a Chile como un caso específico: "Chile debería ocuparse". El índice de Gini casi no cambia antes y después de impuestos. Lo que no ocurre ni en Europa ni en Estados Unidos. La directora del Fondo Monetario está hablando en esa misma dirección.

Castañeda: Biden en algún momento se verá obligado a impulsar una reforma fiscal indispensable para financiar todo lo que quiere gastar. Hay muchas maneras de introducir impuestos: al patrimonio, a la renta, a las herencias, quitando deducciones, exenciones, como sea. Pero creo que la búsqueda de más dinero va a ser un esfuerzo clave de Biden en estos dos años. Eso va a llevar a que otros países sigan su ejemplo. Los europeos, desde luego, pero también los latinoamericanos, porque si allá no alcanza el dinero, aquí menos. Quizá se abra también una época de mayores impuestos para financiar políticas públicas de mayores costos.

Lagos: Bueno, ahí está ya también la conversación sobre un acuerdo internacional de tipo tributario, para aplicar ciertos criterios homogéneos y no empezar a jugar con que "Yo soy mejor país que el vecino para la inversión". Aquí en Chile en el diario *El Mercurio* apareció ya un editorial pidiendo respetar la soberanía tributaria de los países, pero el Banco Mundial y el Fondo Monetario están cambiando en eso. Se dan cuenta de que a medida que los países crecen, las sociedades demandan más bienes públicos, en todos sentidos.

Castañeda: Tampoco los europeos están en un momento de auge. Se encuentran todos muy enredados, pero por lo menos van a estar dispuestos a realizar esfuerzos serios para relanzar una relación con Estados Unidos, porque al final los que más salieron perjudicados por Trump fueron ellos. Un primer ejemplo de la nueva cooperación reside en el nuevo impuesto mínimo internacional de 15% acordado en octubre de 2021 por más de cien países, y negociado por la OCDE. Limitará la competencia entre naciones por grabar las utilidades a tasas menores y permitirá recaudar, según algunos, hasta 150 mil millones de dólares al año. Fue producto del nuevo multilateralismo de Biden y del nuevo paradigma económico de Estados Unidos.

Aguilar Camín: El discurso que hizo Angela Merkel para Biden cuando éste llegó a la presidencia fue de afinidad absoluta, incluyendo las menciones al tema de la OTAN y, muy enfáticamente, la defensa de las libertades y la democracia. El discurso es de alianza política a todo lo que da, para regresar al estado antes de Trump en el tema del cambio climático, obviamente, pero muy insistente también en el tema de la seguridad y de la OTAN. Porque ella lo que vio es a Putin ahí demasiado cerca. Y tenía razón: ahí está el caso de Ucrania. Ese discurso, yo creo, es palabra por palabra lo que lo quería oír Biden, y lo que entiende, porque Biden conoce bien el tablero europeo, casi persona por persona. El discurso de la Merkel me parece que trazaba el puente deseable de Europa hacia Estados Unidos, un puente que la invasión rusa a Ucrania soldó a sangre y fuego.

Castañeda: Con Europa, Biden tiene mucho que negociar. La OTAN, desde luego, pero enseguida el acuerdo sobre Irán, al que ha dicho que va a volver. El cambio climático será central, pasando por el Acuerdo de París pero sin limitarse a él. También está el reto de asumir una posición más dura con Putin, sobre el tema de Ucrania en particular. Suficiente agenda. Encontrará a interlocutores magníficos como a Scholz, después de Merkel, a Macron reelecto y la Unión Europea como tal. La forma en que se han entendido sobre Ucrania no garantiza el acuerdo sobre todos los temas, pero le permite a Biden albergar ciertas esperanzas. No es que la tenga fácil, pero el camino está bien trazado. El problema va a ser cuando los europeos se vean obligados a tomar cierto partido respecto de China. Aunque se han ido distanciando de Beijing año tras año, la misma Merkel acabó siendo muy pro-China. Ella no quiso pelearse con los chinos, no quiso que Alemania perdiera esos mercados fantásticos para sus exportaciones. No quiso meterse en temas de derechos humanos, de minorías perseguidas, de líos en el Mar del Sur de China, de si las islas son chinas o no. Pero si Biden toma una posición más dura en materia comercial y de propiedad intelectual frente a China, Alemania tendrá que seguirlo. El reclamo válido que le hace Estados Unidos a los chinos es que se han aprovechado mucho de su supuesta introversión para ir conquistando espacios y tecnología, sin respetar acuerdos de propiedad intelectual, de apertura de mercados, etcétera. Parece que esas acusaciones no son sólo una locura de Trump, sino un problema real. La ruptura entre Francia y Washington sobre los contratos para vender submarinos a Australia es un síntoma de las tensiones que las distintas posturas ante China suscitan entre los antiguos aliados.

Lagos: Otro asunto clave de Biden es si va a levantar el veto de Estados Unidos sobre la Organización Mundial de Comercio impuesta por Trump. Me pregunto si se va a poder arreglar este problema y la OMC volverá a funcionar de forma civilizada entre todos los países. Esperemos que sea así, porque si no entonces vamos a tener una guerra comercial con todo, como entre China y Estados Unidos. Esto es muy malo para los países pequeños que necesitan poder negociar simplemente con el país que más les conviene. Una posición insostenible si se agudiza la guerra comercial entre potencias o bloques.

Aguilar Camín: Volvamos a Biden y a su agenda interna. ¿Cuáles son las coordenadas de su gobierno?

Castañeda: Biden está guiado en primer lugar por lo que le pidieron sus electores, luego por sus convicciones y, en tercer lugar, por los limites políticos que padece. Son los tres referentes que van a guiar su gobierno. ¿Quiénes lo eligieron? En primer lugar, le debe la victoria al voto afroamericano. Si no hubiera sido por el voto negro en Milwaukee, Detroit, Atlanta, Pittsburg y Filadelfia, no hubiera ganado. Esto es algo que Biden sabe y que lo va a llevar a tomar muchas decisiones en frentes claves. Lo conducirá al tema del combate al racismo, a la reforma de la policía, al uso de armas de fuego, y todo lo referente al estado de bienestar dirigido a las familias más pobres. Por ejemplo, el crédito fiscal para niños en pobreza, sobre todo afroamericanos, aprobado ya por un año, con la pretensión de hacerlo permanente. La pobreza infantil en Estados Unidos es esencialmente un asunto afroamericano y en menor medida latino. Entonces éstas son decisiones rumbo a su base que están perfectamente claras para él. Siguen los jóvenes, en particular los suburbanos, que votaron por él en las costas, jóvenes blancos, negros, latinos. El tema central ahí es el cambio climático. Biden le está dando tanta importancia a esto no sólo como un fenómeno global, como un mecanismo de estímulo a la economía de gasto, generación de empleo, etcétera, sino también para complacer o cumplirle a un electorado para el cual ese tema se ha vuelto cada vez más importante.

Por cierto, estos dos temas son muy del ala izquierda del Partido Demócrata. Biden ha retomado buena parte de la agenda de cambio climático de esa izquierda, así como los temas de estado de bienestar, combate a la pobreza, generación de empleo, apoyo a las familias, apoyo a la educación. Estos son los dos primeros ejes: bienestar y cambio climático. Pero la agenda es mucho más ambiciosa. Incluye, por ejemplo, la reforma migratoria, que es de enorme importancia, la ampliación del tema salud que el Obamacare hizo mejorar en algunos aspectos y en otros no, como la atención a los que tienen un seguro privado, pero un muy mal seguro privado. Y desde luego la agenda incluye el gigantesco paquete de inversión pública, el mayor de la historia. ¿Hasta dónde puede llegar Biden con esta enorme agenda? Depende mucho de dos reformas institucionales que tiene que hacer en el Congreso y en la Suprema Corte. La del Congreso es casi delirante: como su mayoría en el Senado está definida por un par de demócratas de centro y de derecha, tiene que mantenerlos contentos. La mejor manera es darles cosas a sus estados, sobre todo a Arizona y a Virginia occidental. A los presidentes les encanta hacer regalos para conseguir votos: dinero, puentes, bases militares. Nada nuevo. Pero Biden necesita un cambio institucional, porque en el Senado sus cincuenta votos no alcanzan para las reformas de las que estamos hablando: sobre armas, racismo, minorías, y para su ambiciosa agenda de migración. Para éstas necesita sesenta votos. Pretende suprimir esa regla que puede quitarse con cincuenta votos. Se trata de una curiosa aberración americana: se necesitan sesenta votos para muchas cosas, pero para quitar el requisito de sesenta votos sólo se necesitan cincuenta votos. Luego figura la tarea política. Biden requiere de unos republicanos que le ayuden, o bien jugárselo todo con los demócratas, lo que supone generar suficiente apoyo en la opinión pública para que los demócratas recalcitrantes no se atrevan a votar en su contra. Los republicanos serán siempre una fuerza adversa. Trump sigue teniendo una fuerza inmensa en el Partido Republicano. Parecería más lógico que Biden decida jugársela con los demócratas y con la opinión pública, porque a los republicanos no los va a convencer. En cambio, puede obligar al centro demócrata a mantenerse leal gracias al apoyo de la opinión pública. Los niveles de aprobación de Biden han caído, pero no es el caso de los niveles de las políticas públicas que ha propuesto.

Lagos: La pregunta que uno se hace es: ¿por qué Biden, que toda su vida fue un demócrata de centro, cuando llega a la presidencia decide hacer todas estas cosas? En la campaña fue también el Biden que todos conocimos, no fue el Biden que arremete ahora que es presidente y defiende su política. Salió en *The Guardian* un artículo dedicado a lideres izquierdistas del futuro diciendo: hagan lo de Biden. Cuando sean candidatos no sean rupturistas, sean más bien conservadores. Pero, al ganar hagan las políticas rupturistas que tengan que hacer. Interesante el modo rupturista de Biden. Pero, ¿qué es lo que ha hecho él? Tiene una secretaria del Tesoro muy respetable, que nadie discute: hay autoridad financiera ahí. Y cuando Biden explicó lo que iba a hacer de ampliar históricamente el gasto, la Reserva Federal lo avaló. Eso no se puede sostener, dijo la Reserva pero no se preocupen. Si hay que subir la tasa de interés, se emite dinero, se invierte en la economía y bajan las tasas de interés. Es decir, Biden buscó y encontró el visto bueno de la Reserva Federal y ésta justificó lo que él estaba haciendo: un cambio copernicano, porque en el fondo, como hemos dicho aquí y se dice en todas partes, es volver a Roosevelt: activar la economía con todo lo que le voy a transferir a los más modestos de los modestos, mediante una transferencia directa del Tesoro a gente con nombre y apellido: una transferencia del gobierno de Estados Unidos a John Smith. Es lo que predicaban la senadora Elizabeth Warren o el senador Berny Sanders en el ala izquierda demócrata, para el susto de muchos. Pero Biden lo hace con su gente, no con ellos, y todo el mundo empieza a aplaudir, porque, claro, todos están asombrados con lo que hay ahí. El mensaje al mundo es: "Esto se puede". Claro, hay una pequeña diferencia cuando se es Estados Unidos, que puede emitir unos poquitos billetes verdes. Igual todos aplauden a Biden, que ha reencontrado la piedra filosofal, a saber: que se puede gastar más de lo que se tiene, transferirlo a las personas más pobres y como los que lo reciben lo deben gastar, porque necesitan muchas cosas, todo vuelve a la economía entonces. O sea, ellos están inyectando recursos frescos a la economía que se han sacado de la manga y con eso reactivan la economía. El argumento ahora es: "Voy a reactivar la economía gracias a lo que gastan las personas más pobres que antes no podían gastar". A esto le va a meter 1.9 trillones de dólares.

Aguilar Camín: La analogía con Franklin Roosevelt es obligada también en el sentido de que nadie esperaba de Roosevelt lo que hizo Roosevelt y eso nos remite a esa reflexión de Isaiah Berlin, de cuál es el talento especifico de un político. Berlin responde: el sentido de la realidad, entender a dónde apunta la realidad, cuáles son los dilemas y oportunidades que ofrece y cómo puede el político incidir en esa realidad, más que para crearla, para subirse a su marea y conducirla. Biden ha leído su momento con claridad y ha tenido en los inicios de su gobierno una audacia que no le conocíamos. Otro asunto es su toque suave, al que se refiere Ricardo. Hace cosas radicales con un lenguaje amigable, no le da gritos a la historia, no interpela a sus enemigos, no los estigmatiza, no lucha con ellos como Sanders, como Warren o Alexandria Ocasio-Cortez. Leí en una nota sobre las catorce veces que mencionó a Wall Street, en el principio de su gobierno. Fueron todas para pedirle a Wall Street que entendiera el sentido de lo que está haciendo. Obviamente que está definiendo cauces que para Wall Street deberían ser anticipatorios de un trato rudo, pero no parecen asustados ahí. J. P. Morgan y Jeff Bezos han dicho que los planteamientos de Biden les parecen manejables. Ahora, el hecho de que el paradigma previo de la aversión al gasto haya conducido a lo que llamaron en Europa "austericidio", lo cual fue inadmisible, no quiere decir que no haya un riesgo serio en el hecho de gastar sin rienda, porque todo lo que gastes lo vas a tener que pagar. Entonces una pregunta fundamental es: ¿cómo va a pagar esto Estados Unidos? Biden, como dice Jorge, está hablando de cobrar impuestos, o sea, está en la línea dura, pero la pregunta es si aún con ese ingrediente el tamaño de la deuda puede sobrecalentar la economía.

Lagos: Claro, pero también va a echar andar un PIB más grande. La ventaja que él tiene al poder emitir dinero es que ese dinero va a reactivar la economía, la economía va a crecer y con eso que va a crecer puede empezar a pagar lo que hay que pagar, no sólo por un año sino que se crean empleos, la economía mejora, y hay que dejar de transferir dinero. Este costo es de una sola vez y luego, en el tiempo largo, se paga solo. También, desde luego, está la necesidad de cobrar impuestos, Trump los dejó muy bajos y hay ahí una oportunidad. Ahora, ¿qué hacen los países que no tienen posibilidad de imprimir billetes verdes y financiar el despegue de su economía postrada?

Castañeda: Los dos grandes profetas del sobrecalentamiento inflacionario en Estados Unidos fueron Larry Summers y Olivier

Blanchard. Su antípoda fue Paul Krugman, quien dijo que no existía ese riesgo en el paquete inicial de Biden. Lo hubiera podido haber si el segundo paquete se aprobara o si no hubiera una política fiscal adecuada. Pero según Krugman, el riesgo inflacionario era bajo; hoy acepta que se equivocó pero que fue preferible una inflación más elevada y una recuperación más acelerada que lo contrario. El problema han sido las consecuencias políticas y electorales de la inflación. Llegar a 8% unos meses no reviste mayores efectos económicos, pero puede ser devastador en las encuestas y en las elecciones de medio periodo. Tener un déficit grande con tasas de interés casi nulas en términos reales no es un gran problema. Eso es lo primero que señala Krugman. Pero insiste en que Biden debe buscar políticas que tengan repercusión fiscal pero apoyo de la gente. Es decir, que mucho de ese dinero debe ir también hacia el electorado de Trump, el votante blanco, masculino, sin educación universitaria, medio racista, chovinista, machista, amenazado por el triunfo demócrata. Biden nunca va a convencer a esos ciudadanos sobre el aborto, el racismo sistémico o el matrimonio gay. Debe contentarlos con políticas que les den lo que ellos quieren y necesitan. Para ese electorado republicano o demócrata, el día con día es muy exigente. ¿En qué voy a trabajar y cómo voy a ganarme la vida si antes vivíamos apenas en el mismo hogar con mi esposa trabajando? ¿Cómo voy a ganar el doble si mi esposa no puede trabajar, sino que hay que cuidar a los niños porque no hay escuelas? Y eso es lo que entiende y lo que necesita parte del electorado de Trump.

Lagos: En ese sentido, un asunto importante del proyecto de Biden es lo que entiende por infraestructura. No piensa sólo en puentes, túneles y carreteras. Piensa en mejorar la conectividad, en evitar que se produzca la segregación entre ricos y pobres en la ciudad, porque muchas veces las autopistas separan a los blancos de los afroamericanos. Piensa en una infraestructura con sentido social. Y luego, lo más innovador, piensa en la infraestructura, digamos, familiar. Va a considerar infraestructura el trabajo doméstico que permite salir a trabajar: le voy a pagar a quien trabaja en casa para que contrate alguien que cuide al anciano o a los niños que son responsabilidad de esa persona. Lo cual es decir: "Yo, Estado, me hago cargo de las necesidades que usted tiene en su casa para que usted pueda tener un trabajo decente fuera de ella". Con esto introdujo un elemento nuevo que no estaba antes en ninguno de nuestros libros y es un tema que va a tener una influencia más allá de los Estados Unidos. Pero está pendiente el fantasma de la inflación. Ésa sería mi visión de Biden, que es un Biden que nunca imaginé. Lo aplaudo porque abre una cantidad de espacios para políticas como el estado de bienestar, que estaba muerto, y que con todas estas medidas emerge con fuerza. Las izquierdas del mundo van a tener que pensar cómo hacer un estado de bienestar ahora con las nuevas realidades, con la revolución digital y los otros cambios de hoy.

Castañeda: Muchos insisten en esta idea de diseñar políticas socioeconómicas, no culturales: abandonar la campaña cultural y centrarse en políticas concretas de subsidio, vivienda, educación, salud, guarderías, políticas de beneficios objetivos donde no rechinan las diferencias culturales, morales o religiosas que en efecto vuelven a todo mundo medio loco. Me refiero a lo que vemos en Francia en el debate sobre el Islam y la laicidad. Aparecen muchos fanáticos en ambos lados de la cerca. Los que apoyan a Biden creen que es preciso salirse de la discusión cultural, centrarse en las políticas sociales porque la reactivación a la Keynes, con grandes déficits, no puede ser por tiempo indefinido, aunque seas el dueño del dólar y aunque las tasas sigan bajas. En algún momento tienes que aumentar impuestos y pagar o entrar a un ciclo de sobrecalentamiento de la economía. El hecho es que el gobierno de Biden está estudiando opciones de recaudación: un impuesto al patrimonio no inmobiliario, por ejemplo, mucho más severo que sobre sucesiones o herencias. O un IVA a nivel nacional. Han planteado esto: si tú heredas un cuadro o un piano de tu abuelita y vendes ese piano diez años o cien años después, hay una plusvalía y deberías pagar un impuesto sobre esa ganancia. Son cosas pequeñas que ilustran un poco el tipo de discusión que hay hoy en Estados Unidos sobre los impuestos. Creo que algo saldrá de ahí.

Aguilar Camín: Queremos llegar al tema del gobierno de Biden y América Latina. Quizá un buen principio es revisar el proyecto de reforma migratoria de Biden. ¿Qué nos muestra? Había tomado una posición muy avanzada, muy fuerte en materia migratoria, pero se desdibujó muy pronto.

Castañeda: Se le desdibujó por la crisis en la frontera con los niños centroamericanos, los haitianos, y el aumento del número de migrantes indocumentados, asunto que le ha hecho mucho daño políticamente. Muchos demócratas, sobre todo en el Senado, temen aprobar reformas que parezcan promigrantes. Ahí aparece el tema de los sesenta votos que necesita. No tiene a todos los cincuenta demócratas y no hay diez republicamos que voten a favor de su reforma. Puede proceder por decreto en el tema de los niños, el asilo y las visas estacionales, que es una de las formas más eficaces de evitar la migración indocumentada. Pero eso es un procedimiento de corto plazo, no equivale a una reforma duradera, aprobada por el Congreso con alcance universal.

Aguilar Camín: La presentación que hizo el presidente Biden ante el Congreso fue en el espíritu de terminar con esta fatigosa guerra migratoria, pero creo que no fue muy bien recibida.

Castañeda: No fue bien recibido, pero en teoría Biden tiene la posibilidad de negociar con los republicanos una combinación de medidas migratorias, si no para sacar toda su propuesta por lo menos, una parte sustantiva. Su propuesta consiste básicamente en legalizar a los 12 millones de indocumentados con un camino hacia la ciudadanía que sea relativamente sencillo. Ha aumentado por decreto, pero en una cantidad muy pequeña, el flujo de trabajadores temporales, pero puede tener ahí una ficha con los republicanos, a saber: crear un gran programa de trabajadores temporales, mucho más amplio del que existe, con las visas H2A y H2B. Esto tiene mucho sentido para los republicanos de Texas, Colorado, incluso de California, porque esos estados concentran grandes partes de su economía en la agroindustria, la hotelería, la construcción y van a necesitar mucha mano de obra de bajos salarios para este *boom* que siguió a la pandemia. Biden podría decir: "Denme mi amnistía para todos los inmigrantes ilegales que ya están aquí y yo les doy a ustedes un ampliación de trabajadores temporales legales", cosa que a los sindicatos no les gusta, ni a los demócratas; Alexandria Ocasio-Cortez pondría el grito en el cielo. A la iglesia católica tampoco le gustaría, porque el acuerdo bracero tiene muy mala fama.

Aguilar Camín: No sé por qué tan mala fama la verdad.

Castañeda: No, no es muy válida la mala fama. El Acuerdo Bracero duró del 42 al 64 y era para que campesinos mexicanos fueran a trabajar al campo de Estados Unidos, aunque originalmente era para laborar también en la industria de guerra, del 42 al 45. Lo canceló el presidente Johnson en 1964 y ahí empezó la migración no autorizada que ahora es ya una realidad de millones. La otra posibilidad que ha mencionado Biden es limitar la propuesta a los famosos Dreamers (más de un millón sin poner límite de edades); incluir a los trabajadores agrícolas, en particular y a los que tuvieron un papel "esencial" durante la pandemia, por ejemplo en los hospitales. Ese paquete no llegaría a los 12 millones pero sí a 3 o 4 millones. El problema estriba en las imágenes en la frontera de los niños salvadoreños, o de las mujeres hondureñas o de los jóvenes haitianos cruzando el río todos los días, de los 15 mil haitianos en Del Río, Texas. Eso le crea una muy mala reputación a Biden y se refleja en todas las encuestas. Antes de Afganistán era el tema en que estaba peor calificado.

El asunto se agrava por buenas razones: por primera vez desde 1995, Estados Unidos va a vivir un *boom* económico sostenido y México va a seguir en una recesión aguda por lo menos hasta 2025. La combinación de crecimiento en Estados Unidos y recesión en México, que no veíamos desde 1995, es la combinación perfecta para que se vayan millones de mexicanos a Estados Unidos. No los quieren recibir pero al mismo tiempo los van a necesitar más que nunca. ¿Quién va a construir las carreteras de Biden? ¿Quiénes entre los migrantes tienen la experiencia histórica de trabajar en aquel país? Masivamente hablando, sólo los mexicanos. Los mexicanos son una mano de obra fantástica, disciplinada, y con nivel educativo no universitario pero ya de ocho o nueve años de escolaridad. Un gran acuerdo migratorio de trabajadores temporales sería ganar-ganar para los dos países. Pero no parece factible.

Aguilar Camín: En el discurso de Biden que le interesa a América Latina está muy presente el tema migratorio, que va a dar a México y Centroamérica. Menos presente, pero inevitable, está el tema del narcotráfico, que va también a México y a Centroamérica pero se alarga un poco más al sur, hasta Colombia. Luego está, muy fuerte, el tema del cambio climático, que va a dar a todos los países latinoamericanos, pero sobre todo a Brasil. Luego está el asunto pendiente de Cuba y de Venezuela. Cuando mataron al presidente haitiano, apareció Haití en la agenda. El conjunto parece un rompecabezas casuístico, una política de pocos lineamientos estratégicos y el resto una especie de *first come, first serve*, atender lo que aparece, y sin muchas ganas. No hay nada que se parezca a una estrategia de Washington o al menos una intención de diálogo estratégico con América Latina.

Lagos: Yo creo que lo difícil de este diálogo es que a estas alturas no hay América Latina. Cuando decimos América Latina, el mundo piensa en México, Brasil, Argentina, Colombia, Chile. Esos cinco países dan una imagen de América Latina, pero en este momento esos cinco países van cada uno por su cuenta y se hace muy difícil para Estados Unidos decir: "¿Cómo nos entendemos con América Latina, si América Latina no existe?". No existe en el sentido de lo que hemos dicho mucho aquí: no hay un lugar donde los gobiernos latinoamericanos hablen y decidan. La OEA está bajo fuego de nuestras propias divisiones. Yo creo que más bien lo que ellos están pensando, como tú sugieres, es en activar o desactivar políticas concretas respecto de los países por separado. Decisiones hacia Venezuela y Cuba, acuerdos migratorios y económicos con México, el gran asunto de la Amazonia y el cambio climático con Brasil, y atender las crisis que vayan surgiendo, como Haití, o en Nicaragua, donde se afianza un dictador. La pregunta macro es más compleja: ¿hay algo que se puede hacer desde Estados Unidos para América Latina en su conjunto? Lo que está en el recuerdo de muchos es la Alianza para el Progreso, pero eso ya pasó y es difícil revivirlo a estas alturas. Lo que sería posible, me parece, es algún tipo de entendimiento en cosas que pueden ser comunes en ambos lados. Por ejemplo: ¿cómo replicar en nuestros países algunas de las políticas de Biden hacia los más pobres y hacia la clase media? Habría ahí posibilidades de entendimiento en políticas concretas. O ¿cómo traer a nuestros países el concepto de infraestructura planteado por Biden? O ¿cómo inyectar recursos masivos para la reactivación de nuestras economías? Son temas específicos, muy abordables, pero ni siquiera están planteados como una conversación. El hecho es que no hay una gran política del gobierno de Biden hacia América Latina, nada parecido a la búsqueda de una convergencia estratégica como la que se plantea con Europa.

Castañeda: Y las piezas separadas, la casuística de país por país, tampoco funcionan muy bien. Con México no ha encontrado Biden el equivalente de su política de dos pistas con China y Rusia: te acompaño aquí, pero me separo allá. No ha encontrado la manera de decirle a López Obrador: "Necesito tu ayuda en el tema centroamericano, necesito que me controles la frontera sur y norte de México, que te quedes con los niños, los haitianos, las mujeres, etcétera. Pero también necesito que no violes derechos humanos, que respetes las inversiones, que no te quieras quedar más tiempo en el poder, que no aumentes las energías fósiles, que entiendas el cambio climático". No ha encontrado la manera de plantearle a México un discurso dual tipo Putin o tipo Xi. Ha preferido buscar la ayuda de López Obrador y no entrar a ningún debate con él, al menos públicamente, sobre esos otros temas. Tampoco ha encontrado la manera de hacer esto con Cuba, ni con Venezuela. No está planteado ni con Cuba ni con Venezuela un acuerdo de dos pistas: te presiono aquí y dialogo contigo allá. Con Brasil, el acuerdo que se había anunciado entre Estados Unidos y Bolsonaro para canalizar 20 mil millones de dólares a la Amazonia se cayó o nunca existió o fue una presunción de Bolsonaro. El hecho es que hubo muchas protestas de los ambientalistas en Estados Unidos, de Macron y de las empresas. Porque cómo iba Biden a platicar con Bolsonaro y a darle dinero cuando sabemos que el dinero lo usa para otras cosas, no para evitar la deforestación de la Amazonia. Entonces en el caso de América Latina, en estos cuatro ejemplos de México, Brasil, Cuba y Venezuela, no encuentra todavía Biden la manera de mantener las dos pistas que hasta ahora si ha podido operar con China.

Aguilar Camín: Lo que no vemos en Washington, y no ahora, sino en los últimos tiempos, es la tentación de intervenir en América Latina. Ya no digamos militarmente. Se diluyó aquel afán de la Guerra Fría de estar presentes, contener gobiernos, incluso derribar o combatir gobiernos para mantener la región alineada en el lado bueno de la Guerra Fría. Dejaron ir todo el proceso de la marea rosa y en especial el viaje de Hugo Chávez hacia el socialismo bolivariano sin intervenir realmente, ni entonces, ni ahora. No veo en Biden intención alguna de cambiar esa llamémosla indiferencia estratégica, que consiste en atender lo que surja, pero no intervenir, no modelar, no presionar de la manera que conocimos en el Cono Sur y en Centroamérica durante la Guerra Fría.

Lagos: Y, sin embargo, los problemas comunes y globales están ahí, necesitan una conversación. ¿Cómo debe aterrizar en nuestro continente la política del cambio climático? ¿Cómo reactivar nuestras economías después de la pandemia? ¿Qué hacemos en materia migratoria entendido en esto también la migración sur-sur, de la que no se habla pero que es un gran problema? ¿Qué hacemos en materia de narcotráfico y con las bandas de narcotraficantes que llegan al sur? Antes usaban a Chile para lavar dinero y sacarlo porque había una apertura grande en esa materia. Ahora estamos viendo que llegan las bandas y se instalan en Chile. Es difícil pensar un avance en todo esto sin políticas y estrategias concertadas entre los países latinoamericanos y entre éstos y Estados Unidos.

Castañeda: Estados Unidos no define su posición con claridad hacia América Latina, en el sentido, otra vez, de que no establece sus dos pistas de esto sí, esto no. Por ejemplo, un gran tema global para América Latina que ahora le interesa a Biden es el de la anticorrupción. Va a dedicar recursos a Centroamérica, pero no quiere regalar ese dinero a los gobernantes del Triángulo del Norte para que desaparezca en quién sabe qué prioridades de dichos gobernantes. Tampoco quiere que se roben los recursos destinados a la Amazonia el gobierno, los madereros y los ganaderos brasileños.

Argentina renegoció por enésima vez su deuda con el FMI. Estados Unidos podría haber influido con el FMI —en parte lo hizo— y decirle que suavicen su posición frente a Argentina, que va a invertir bien sus recursos. Sería lógico que Estados Unidos le dijera a la directora del Fondo: "Pórtense bien con los argentinos, no hagan austericidio, no impongan medidas de una condicionalidad draconiana, exíjales sólo que no se roben el dinero". ¿Cómo creen que nos lo vamos a robar?, responderán los argentinos. Bueno, pues no a robar, pero a usarlo en quién sabe qué y a dilapidarlo en una política económica que termina siempre pidiendo más dinero al FMI. Son las mismas faltas de definiciones que hay en el tema del narco, en el tema migratorio, en el tema de la recuperación económica, el comercio, etcétera. Si el gobierno de Biden empezara a definir sus criterios para tratar estos temas globales y regionales, tendríamos un mundo mejor o al menos con conversaciones sustantivas respecto de lo que se puede hacer.

Aguilar Camín: Quizá lo que vamos a tener durante un buen rato es eso: indefiniciones estratégicas y decisiones día con día. Más de lo mismo, ninguna iniciativa que pudiera crear esto que obsesiona a Ricardo Lagos: un lugar y una agenda donde conversar hemisféricamente de los problemas comunes. Esto quiere decir que, lo queramos o no, nos vamos a quedar rascándonos con nuestras propias uñas en un momento de gran transformación en Estados Unidos. Cada país va a recibir esa transformación como pueda, en una especie de gran fragmentación continental. El hecho es que no se ve por ningún lado, ni de parte del gobierno de Biden ni de parte de los gobiernos de América Latina, la idea de que "tenemos que conversar", aunque sea para ver en qué estamos en desacuerdo.

IV. América Latina y la crisis de las democracias

Héctor Aguilar Camín: La pandemia del coronavirus cayó sobre el mundo en medio de otra pandemia, una pandemia política, que podríamos llamar, genéricamente, la crisis de las democracias. De un lado abundan hoy las reflexiones sobre la muerte, la decadencia o la disfuncionalidad de las democracias. Del otro lado, se multiplican lideratos y gobiernos populistas, autoritarios. Hay un cambio de época en el horizonte de las democracias. La crisis de la deuda de los años ochenta, la famosa década perdida de América Latina, trajo a nuestros países un cambio político profundo, una ola de libertad. El Cono Sur transitó de la dictadura a la democracia. La crisis de 2008 sacudió profundamente a las democracias consolidadas del mundo, no sólo a las incipientes de América Latina y de la Europa postcomunista. Produjo o quizá sólo agudizó el malestar global con la hegemonía democrática liberal que siguió al fin de la Guerra Fría, con la caída del Muro de Berlín y la disolución de la Unión Soviética. El malestar acumulado tomó el camino del populismo, primero en la periferia, luego en el corazón de las democracias occidentales. Dio paso al Brexit en Gran Bretaña y a la elección de Trump en los Estados Unidos. Hugo Chávez fue la anticipación del fenómeno en América Latina, el inicio de la llamada marea rosa de gobiernos populistas de izquierda, que tomaron democráticamente el poder en Brasil, Argentina, Bolivia, Ecuador. La crisis de la democracia chilena de nuestros días, que condujo a buscar una nueva constitución y a la elección de Gabriel Boric, es el último aviso de que algo profundo se ha roto en el consenso democrático del continente. La elección de Bolsonaro en Brasil, de López Obrador en México, de Nayib Bukele en El Salvador, confirman el ascenso del populismo latinoamericano de nuestros días, que añade a sus filas la elección de Pedro Castillo en Perú, al tiempo que regímenes dictatoriales se sostienen en Cuba, en Venezuela y en Nicaragua. La crisis de la democracia en América Latina es evidente.

Jorge G. Castañeda: Hay un parecido en lo que estamos viendo con lo sucedido en los años treinta y cuarenta, cuando de repente enormes contingentes de la sociedad que habían permanecido fuera del sistema económico, político, cultural, social, llegaron a tocar a la puerta pidiendo entrar. Fueron los obreros de Buenos Aires, los trabajadores del café y de los puertos en Brasil, los mineros del cobre en Chile, los trabajadores del petróleo, de los ferrocarriles, de la educación en México. En cada país aparecieron tocando la puerta grandes sectores sociales que en efecto habían sido excluidos del sistema. Quienes se pusieron a la cabeza de aquellos movimientos casi en todos los casos llegaron al poder, porque la fuerza del sentimiento de marginación era tremenda. Había un agravio legítimo. Esta gente, que llevaba décadas trabajando en el cobre, en el petróleo, en los rastros en Buenos Aires, la electricidad y los ferrocarriles en México, era a veces la segunda generación que trabajaba en lo mismo y no tenía vivienda, escuela, transporte público, nada. De ahí surgieron las protestas, las huelgas, las movilizaciones y el enfrentamiento con sus gobiernos, pidiendo lo que no tenían. Los que se pusieron a la cabeza de aquellas nuevas demandas, repito, triunfaron en sus países. Fueron Juan Domingo Perón en Argentina, Lázaro

Cárdenas en México o Getulio Vargas en Brasil. Una vez en el poder, algo tenían que darles a aquellas potentes clientelas, y les dieron, *grosso modo*, derechos sindicales y acceso al poder político. Aquellos contingentes incorporados al sistema en los años treinta, cuarenta, cincuenta todavía son hoy parte esencial de la organización política y del ejercicio del poder en nuestros países. Algo parecido sucede hoy, pero no con la clase trabajadora, sino con una ciudadanía de clase media alta y clase media baja, formal o informal, que ve clausurado o incierto su camino y se voltea a pedirle cuentas a sus gobiernos democráticos. Creo que habría que entender el ascenso del populismo también en este contexto histórico de exclusiones: si tú no dejas entrar a la gente, si las clases medias se ahogan y los pobres crecen y la desigualdad se hace evidente a extremos obscenos, la gente se enoja, viene a tocar la puerta y, si no hay respuesta, busca lideratos que la dejan entrar o que le prometen al menos asomarse por una rendija, por pequeña, ilusoria o insostenible que sea.

Ricardo Lagos: El caso de Chile tiene mucho que ver con esto que señala Jorge. Decimos: "Mire qué éxito, Chile bajó la pobreza de 40 a 20%, en veinte o veinticinco años". Bueno, los que dejaron eso atrás no quieren volver a caer. Ahora, con la pandemia, mucho menos. Esto es lo primero: esas personas piensan que pueden volver a ser pobres. Segundo, esa población siente que su ascenso se lo ganó ella. Su familia es primera generación que llega a la universidad. Su nueva posición en la sociedad implica una mayor demanda de bienes y servicios públicos, precisamente porque viven mejor. Entonces cuando esa familia llega a una vivienda obtenida por la inversión social, la crítica que hacen es: "Perdón, ¿dónde pongo el auto?". Eso me pasó a mí, me lo preguntó como reclamo un ciudadano que fue honesto con su molestia. Lo único que se me ocurrió decirle fue: "¿Usted pensó alguna vez que iba a tener auto? No señor, nunca. Bueno, yo tampoco pensé que usted iba a tener auto, y que iba a necesitar un estacionamiento, qué quiere que le diga". La respuesta seria, desde luego, es mejorar el transporte público para todos, y que no haya necesidad de auto para cada quien. Pero no hay dinero para hacer eso en el Estado. ¿Entonces, me endeudo como Estado? El problema crece de ida y vuelta, para la sociedad y para el gobierno. Lo que no podemos tener es una mejora en los niveles de ingreso de la gente sin tener una mejora de los niveles de ingreso del Estado. Satisfacer a esa gente desde los servicios públicos requiere mejores servicios porque esa gente está mejor y exige más. Pero seguimos cobrando la misma cantidad de impuestos, y no alcanza. El concepto es que el cambio tiene que ser paulatino, pero también implica un cambio paulatino en el Estado. No es que uno sea estatista, es que hay más bienes que se considera que deben estar al alcance de todos. Nuevo problema: mi hijo llegó a la universidad pero no tiene cómo pagarla. Claro: la universidad era gratis cuando éramos cuatro personas las que íbamos a la universidad. Cuando yo estudié en la universidad no más del 20% iba a la universidad. Ahora el 60 o el 70% de jóvenes está en la universidad o en estudios postsecundarios, y sus necesidades son distintas de las de antes. Aquí es donde hay una necesidad de evolución indispensable. Si el país va creciendo, para qué quiero hacer cambios. Bueno, tiene que hacer cambios precisamente porque está creciendo, y eso demanda nuevos ingresos del Estado.

Aguilar Camín: En esas clases medias nuevas hay el miedo de perder y hay la esperanza de tener más. Ése que se queja de que ahora no tiene lugar para el coche, lo que quiere es tener un segundo coche, y si no lo consigue se queda ahora estacionado en una frustración que no puede no expresarse políticamente.

Castañeda: Ese ciudadano va a querer tener otro coche y luego una casa más grande. La única manera en que va a poder lograrlo es haciendo lo que el resto del mundo ha hecho: que trabaje su esposa para que tengan dos ingresos. Pero la única manera en que puede trabajar la esposa es que haya algún lugar donde dejar a los niños. Eso sólo lo puede dar el Estado, porque ella no lo puede pagar de su ingreso, a menos de neutralizar dicho ingreso. No puede pagar las guarderías privadas porque entonces sale tablas, no hay un aumento neto del ingreso del hogar. Con toda la razón del mundo, entonces, exige guarderías públicas. Pero no hay guarderías, porque el Estado no tiene dinero para ponerlas. El ciclo de exigencia-frustración es muy claro. Lo mismo sucede, en otro nivel de ingreso, en Estados Unidos. El sueño americano era que mis hijos iban a vivir mejor que yo. Pasaba por tener una casa y ahora descubren que las casas son muy caras porque el terreno es muy caro. Antes les alcanzaba para ser clase media de nivel americano con un salario, con un empleo en la casa. Ahora necesitan dos. El hecho es que no ha mejorado mucho esa calidad de vida de la clase media desde los años ochenta. En Estados Unidos hay también una crisis de estancamiento, de aplanamiento del horizonte de la clase media. Objetivamente a los hijos no les va mejor que a los padres; además, los hijos *sienten* que no les va mejor. Se cruzan y coinciden las dos cosas: la realidad y la percepción. Eso, entre la población blanca educada. Entre la población negra, latina, asiática y la blanca con poca educación, el problema es mayor. De modo que el reto de los que tocan a la puerta es global, a lo que hay que añadir en América Latina la pobreza pura y dura y la desigualdad lacerante.

Aguilar Camín: A todo esto podríamos añadir la aparición de potencias que no son Estados sino grandes corporaciones empresariales tecnológicas, que crean, manejan y gobiernan el mundo digital. En este momento el contacto con, y el conocimiento de, la ciudadanía que puede tener Google o que puede tener Facebook no lo tiene ningún sistema de inteligencia nacional. De pronto aparecen unos novísimos animales tecnológicos, grandes empresas procesadoras de la información que fluye en el mundo, y que están fuera del Estado, de los Estados nacionales. Y ahí se crea una gigantesca conversación aparte, una conversación real en el mundo virtual, entre millones de consumidores y ciudadanos que comparten sus vidas, sus frustraciones, sus quejas, y que se comparan a través de sus celulares y sus iPads y sus cuentas de Facebook y Twitter. Creo que todo eso genera una revolución de las expectativas que parece cósmica frente a la que describía Marshall McLuhan en los años setenta del siglo pasado. Y esa revolución de los hábitos y las conciencias tiene efectos profundos sobre la relación de los ciudadanos con sus gobiernos y con sus instituciones públicas. No es una conversación que se da en los lugares tradicionales —la plaza, los medios, las campañas—, sino en las redes invisibles de estas nuevas corporaciones privadas de la comunicación horizontal, global, simultánea y en expansión. Los Estados tradicionales no tienen poder alguno sobre este mundo paralelo de la vida pública que les impone un ritmo de vértigo en la circulación de la información y en la aparición de denuncias, demandas, insatisfacciones, cambios del humor social. Frente a la rapidez del flujo de la información en las redes digitales, los Estados y las instituciones públicas parecen dinosaurios, animales lentos de otra época.

Lagos: Bueno, efectivamente han aparecido estas empresas del mundo digital donde la soberanía de los Estados como la hemos conocido no se aplica. Junto a estas empresas, están también los grandes conglomerados económicos que operan en nuestros países pero no son de nuestros países, sino de su propia red transnacional.

Si uno piensa en empresas como Facebook, Apple, Google, son imperios que tienen que ver con la soberanía de cada país, pero, más importante, con la capacidad de conocimiento de cada uno de los individuos, terreno muy complejo. Me entero, con sorpresa, de que como resultado de esta pandemia, las compañías aéreas ya están en condiciones de emitir un boleto en donde le sacan la fotografía al pasajero y automáticamente todo el viaje de esa persona queda en la red informática de la compañía. Basta con que el pasajero ponga su mejor cara en cada una de las paradas del avión para que aparezca el número de vuelo, el asiento que va a ocupar y el país correspondiente al que va. En otras palabras, usted vendrá solo con su rostro y va a pasar todos los controles. Bueno, eso me parece muy útil para el pasajero, no tener que andar con todos los pasaportes y papeles, pero desde el punto de vista del conocimiento de cada ser humano, ¿dónde estamos? Llegará un momento en que se sabrá todo de nosotros con nuestra foto. ¿Cómo opera eso con un sistema democrático? ¿Cómo opera eso en una discusión de cuál es el tipo de gobierno que se necesita en cada uno de nuestros países? ¿En qué medida los supuestos sobre los cuales estamos operando van a cambiar también como resultado de la revolución digital?

Castañeda: Es un asunto clave el poderío o la capacidad actual de los Estados de administrar, controlar, regular a Google, Facebook, Microsoft, Apple, etcétera. Todos coincidimos que la capacidad actual es limitada. Los Estados no obtienen toda la información que quieren, ni han podido imponerles el tipo de regulación que mucha gente quisiera. ¿Pero qué tan distinto es esto de la situación que imperaba hace cien años con los mismos Estados y empresas como la Standard Oil de Rockefeller o U. S. Steel en Estados Unidos, o los grandes bancos ingleses o franceses? ¿Hay menos capacidad hoy de los Estados Nación para regular a las grandes empresas, o simplemente se nos ha olvidado la situación que imperaba a principios del siglo XX? Tarda mucho tiempo en haber una regulación a favor del consumidor, a favor de romper monopolios o fraccionar monopolios. Pero la regulación llega. Es cuestión de tiempo para que los Estados entiendan al animal que quieren regular y para que la sociedad vaya generando la presión que después conduce a las reformas legales de regulación. Es lo que ha pasado antes, es lo que sucedió en todos los países donde había estas empresas gigantescas. Es decir, si medimos en términos de proporción del PIB lo que haya sido Standard Oil justo antes de que la obligaran a dividirse, probablemente poseía la misma fuerza que Facebook hoy. Tenía a millones de usuarios de coches y ferrocarriles y todos usando petróleo ¿Qué es lo que ha cambiado? La índole de las empresas, pero hay una serie de constantes que evolucionan hacia resultados parecidos a los que vimos en el pasado. Los debates de hoy en Estados Unidos sobre qué hacer con Facebook y Google, se parecen muchísimo a los debates de fines del siglo XIX con la Ley Sherman y la decisión de Roosevelt de dividir a Standard Oil.

Lagos: He publicado un libro que lleva por título *Gobernar para la democracia*.[1] Suena raro, pero va en el rumbo de lo que estamos hablando: si eres elegido en democracia, tienes ideas que desarrollar para alcanzar algún progreso. Si tienes éxito con ese progreso, cambias un poco a la sociedad. Pero si cambias a la sociedad, esa sociedad cambiada va a tener nuevas demandas, que no son ya las que tú atendiste. Gobernar para la democracia quiere decir que tu obligación es escuchar las nuevas

[1] *Gobernar para la democracia* es el segundo tomo de las memorias de Ricardo Lagos, *Mi vida* (Santiago, Debate 2013). El primer tomo lleva por subtítulo *De la infancia a la lucha contra la dictadura* (Santiago, Debate, 2020).

demandas y gobernar para que la democracia funcione ante esas nuevas demandas, sin olvidar las viejas. Al decir "gobernar para la democracia" estás diciendo que debes gobernar al mismo tiempo para lo que hay y para lo que está surgiendo. Porque la democracia es cambiante en el sentido de que necesita cada vez nuevos insumos y nuevas políticas. Felipe González explicó una vez en unas pocas palabras por qué había perdido las elecciones españolas del 96. Dijo: "Perdimos porque no nos dimos cuenta de que habíamos cambiado a España, y que, si habíamos cambiado a España, había que cambiar las políticas que estábamos haciendo". Acá en Chile, en los primeros diez años de la democracia, después del plebiscito del 88, la pobreza, como dije, bajó de un 40% a 20%. Pero se estancó en un 20% y no la podíamos seguir bajando. O sea, las políticas de focalizar las ayudas a la pobreza, que habían funcionado, dejaron de funcionar. De ahí la necesidad de que este concepto de gobernar para que la democracia siga avanzando, para tener claro cuáles son los cambios que quieres hacer cada vez. Para seguir avanzando se diseñó la política Chile Solidario, donde lo más importante era enseñarle a la gente que tenía derechos. Escuchar lo que pasa en la sociedad se ha vuelto más complicado cada vez, en buena medida por la aparición de los teléfonos inteligentes. Este aparato, a través de las redes, ha vuelto la política más horizontal de lo que ha sido nunca. Era un asunto vertical, incluso si era democrático, porque la democracia delegaba en el gobernante. Ahora es horizontal. Las nuevas tecnologías cambian la forma de relacionarnos. La conversación pública es enorme, descentralizada, instantánea. No digo que vamos a terminar gobernando a punta de plebiscitos digitales, pero sí creo que la ciudadanía exige ser escuchada de otra manera, de manera más inmediata, entre una elección y otra. Porque entre una elección y otra hay cosas importantes, trascendentes, que decidir. Me pregunto qué instituciones políticas podemos crear para escuchar a esa nueva ciudadanía horizontal de las redes sociales. La democracia seguirá siendo representativa, porque yo creo que no hay democracia directa. Pero algo va a ocurrir, o está ocurriendo ya, en el corazón de la democracia representativa, porque cuando el ciudadano está en plano horizontal manda sus exigencias en un tuit e inmediatamente se distancia de las correas tradicionales de transmisión política.

Aguilar Camín: Escuché de un experto en revoluciones exponenciales que en cualquier teléfono inteligente de hoy podrían caber completos todos los archivos del gobierno estadounidense de la época de Clinton. El mundo no va a ser gobernado por los celulares, sino por los políticos y los partidos, pero sujetos a una inspección y a un desgaste sin registro en la historia. También a un cambio en su capacidad de controlar, y en su vulnerabilidad frente al control de otros Estados, de otros gobiernos o de sectores de su sociedad más inteligentes que los Estados, con más información sobre la conducta y los gustos de los ciudadanos que la que puedan tener el gobierno, los políticos y los partidos. Ha crecido enormemente en los Estados, pero también en las corporaciones privadas, la capacidad de espiar, conocer, sembrar preferencias, inducir conductas, tanto en el ámbito de la vida privada como en la vida pública. Los rusos han dado prueba de eficacia en sus intervenciones digitales, y no con países periféricos. Se metieron de frente a la elección estadounidense. La pregunta es clara: cómo influyen las nuevas tecnologías y el cambio digital en las relaciones políticas, en el imaginario y en la red de representación política que conocemos. Tenemos elecciones, pero está claro que las elecciones no bastan para escuchar en tiempo real lo que está diciendo la sociedad. La sociedad está diciendo muchas más cosas que lo que puede decir con su voto, y en un tiempo más rápido. Las elecciones, y en general el proceso de la democracia representativa, son procesos muy lentos respecto de las sensibilidades y el vértigo de la sociedad digital. El desgaste de los gobiernos es inevitable. Coordenadas ideológicas aparte, en las últimas 14 elecciones presidenciales de América Latina ha perdido el candidato oficialista y ha ganado el candidato de la oposición, salvo en Nicaragua, donde se instauró una dictadura. Así que parece que una forma segura de perder elecciones en la América Latina de hoy es estar en el gobierno.

Lagos: Y la pandemia aceleró todo. Desnudó de una manera casi obscena nuestras carencias, nuestras limitaciones, las desigualdades que hay. Y puso en entredicho lo que habíamos avanzado en materia de sistemas democráticos. Lo mismo que la antigua capacidad de diálogo que había entre los países latinoamericanos de fin del siglo XX, fundado en el regreso a la democracia de nuestros países. Todo eso quedó atrás. Ahora vemos la situación inversa, nuestros sistemas democráticos han dejado de ser nuestro orgullo, están bajo fuego. Creo que debiéramos atender la situación de las democracias en la región y preguntarnos en qué medida nuestra descoordinación internacional tiene que ver con que tenemos muy descuidada la casa y los que creíamos que estábamos por un buen camino nos damos cuenta de que hay un malestar en la sociedad que cuestiona todo lo hecho. Hablo tal vez por lo que llegó a pasar en Chile, ustedes han visto las imágenes, insólitas para Chile, de iglesias quemadas y estaciones del metro voladas. Octubre de 2018 es una fecha memorable por malas razones para los chilenos.

Aguilar Camín: Las movilizaciones en Chile tienen una intensidad disruptiva que nos escandaliza porque suceden en Chile. Desacomodan las claves de convivencia civilizada característica de la democracia chilena, la democracia modelo de América Latina, junto con Uruguay y Costa Rica. Esas mismas conductas en

México tienen cierta triste lógica, cierto aberrante pedigrí, por el piso de ilegalidad y por los niveles de impunidad criminal del país. La pedagogía de la impunidad del crimen es tremenda. Cualquiera que tiene una urgencia en México se convence de que si delinque para salir de su urgencia no le va a pasar nada. Igual si roba un local, si secuestra o mata a alguien, si vandaliza un edificio público, si bloquea una carretera o impide el paso de un tren. Tiene lógica que en México aparezcan, sobre ese piso de impunidad, grupos violentos tratando de obtener concesiones del gobierno o simplemente de conseguir dinero, robar, extorsionar, secuestrar. Se ponen catorce o veinte maestros en la vía del tren, paran el tren, viene una negociación y reciben algo a cambio, les dan unas plazas o les dan un sobresueldo. Los asaltos al transporte público son la queja mayor que hay en la zona conurbada de la Ciudad de México, no el asesinato. Pero ahí también se han roto umbrales. Antes llegaban los asaltantes, normalmente dos o tres, armados, amenazaban a todos, les quitaban sus celulares, el dinero, etcétera. Lo que hemos visto en los últimos tiempos es que llegan y, para atemorizar a los pasajeros, les disparan. Hay un salto cuántico entre amedrentar con una pistola y dispararla para amedrentar. Lo que estamos viendo en Chile tiene también esta lógica de saltar umbrales. De pronto, el católico y civilizado pueblo chileno quema iglesias y vuela no sé cuántas estaciones del metro. Frente a esta espiral de la pérdida de las normas, de las referencias habituales, lo que podría surgir es un deseo de orden más que de prosperidad o democracia. No pienso en Chile, donde recuerdan muy bien a Pinochet, pero sí en otros países de América Latina, Venezuela y Nicaragua, desde luego, pero también El Salvador y, por momentos, en México.

Castañeda: Eso es lo que sucedió en Brasil. La llegada de Bolsonaro se explica por el rechazo a la corrupción percibida del PT, pero también por el rechazo al caos, a la violencia, a la criminalidad, que no fue culpa del PT, pero que el PT no pudo contener. Había un clamor de orden en el electorado de Bolsonaro. Y Bolsonaro ha respondido en parte. Ha logrado bajar los índices de criminalidad, en particular los homicidios, gracias a una política de mano dura: que la gente se arme, que la policía dispare sin preguntar. Eso, en parte, le ha redituado a Bolsonaro, no ha perdido su 30-35% de aprobación y con la política redistributiva de principio de la pandemia, la mejoró un poco. El deseo de orden en Brasil fue la catapulta de Bolsonaro. De la misma manera que lo ha sido con Bukele en El Salvador. Hubo también una reacción chilena contra la inseguridad, también de la gente, que dijo: "Ya está bien, queremos orden de nuevo". No prosperó la candidatura de extrema derecha pero alcanzó el 44% del voto. En México, yo veo cada día más probable que la gente empiece a decir que López Obrador ha perdido el control del orden, y que lo que queremos es orden. No como un tema ideológico de izquierda o de derecha, sino de orden. En estos países y en varios más, el tema de la violencia ha adquirido una relevancia nueva, no porque dicha violencia sea nueva, sino porque reviste características diferentes del pasado. Es urbana, afecta a las clases medias, en muchos casos es organizada y vinculada a fenómenos estructurales —el narcotráfico, la migración, el comercio de armas, las pandillas— y porque representa un reto para Estados carentes de la capacidad institucional para lidiar con ella. Ni los presupuestos, ni los esquemas institucionales —federalismo o centralismo—, ni la legitimidad, les permiten contener, mucho menos combatir esos niveles de violencia.

Aguilar Camín: Michael Reid, el editor de *The Economist* para América Latina, dice que ésta es una crisis sólo comparable con la de 1932. Aquella crisis produjo ocho cambios de régimen en

América Latina, ocho cambios hacia gobiernos autoritarios. La crisis de la década de los ochenta, la crisis de la deuda latinoamericana, produjo también ocho cambios, pero ahora en sentido inverso, de dictaduras a democracias. Es imposible que la pandemia no produzca cambios equivalentes, aunque no está claro hacia dónde, salvo en que la América Latina se está pintando de izquierda otra vez, después de un muy breve interregno. Lo que dice Reid, en el sentido de lo que comentan ustedes, es que en la crisis que cruza América Latina, va a ser más interesante mirar hacia Émile Durkheim que hacia Marx, porque lo que puede suceder en América Latina es que haya grandes contingentes de la población que vivan en una especie de anomia, la categoría que usó Durkheim en *El suicidio*. Es decir, que sus referentes, las reglas que ordenan la vida cotidiana, que ordenaban la sociedad, están interrumpidas. A lo que puede conducir esto es a un gran expectativa de ley y orden, más que a una exigencia de ingresos y distribución de la riqueza, de modo que América Latina podría encontrarse de pronto en una molestia profunda respecto del desorden, porque se han perdido los referentes, nadie sabe muy bien cuál es su papel en su sociedad, están profundamente alteradas las claves de la convivencia anterior, aparte de que la pandemia y su crisis expulsaron a muchos del lugar donde estaban: del trabajo, de la seguridad, de la movilidad social, de la esperanza de futuro. Me parece una idea muy rica y creo que estamos empezando a ver algo de eso, junto con el rápido desgaste de los gobiernos. En México es muy notable lo que he mencionado ya: cómo todos los días hay grupos de protesta que ejercen distintos grados de violencia en cosas no relacionadas entre sí: bloquean un paso de trenes, toman una presa en Chihuahua porque no quieren darle agua a Estados Unidos, protestan porque no reciben ayuda como damnificados en una inundación en Tabasco. Y aparecen bandas de jóvenes que se dicen desempleados, que se presentan a sí mismos como miembros de grupos de resistencia popular y toman las casetas de las carreteras para cobrar ellos el peaje. Eso, para no hablar del mundo del crimen, que tiene una creciente autonomía y un creciente domino territorial. En el cálculo de un general estadounidense, la tercera parte del territorio mexicano está sustraído al control del gobierno, en manos de bandas criminales. Lo que podríamos anticipar, siguiendo a Reid, es que puede haber otros episodios de clausuras democráticas en América Latina, es decir que va a haber el caldo de cultivo no necesariamente para golpes de Estado, pero sí para más de lo que ya tenemos: el ascenso de líderes y gobiernos autoritarios, que puedan echar mano con mayor "legitimidad" de los instrumentos punitivos del Estado. En ese sentido Bukele y Nicaragua en Centroamérica, la mano dura de Bolsonaro en Brasil y la militarización del gobierno en México, parecerían ser partes de la misma tendencia.

Lagos: En Chile lo que se ha producido en ciertos sectores es la confusión del rechazo a la violencia con el derecho a la protesta. En otras palabras, si usted lo piensa bien, el *I have a dream* de Martin Luther King quedó como el derecho inalienable del ser humano, en este caso de los afroamericanos, a decir: "Exigimos respeto por lo que somos como seres humanos y tenemos los mismos derechos que otros". Y esa oda que es *I have a dream* quedó como un hecho absolutamente legítimo. Distinto hubiera sido si, terminando el gran mitin de *I have a dream* en Washington, al que millones asistieron, se hubiera producido un saqueo de la ciudad. Ahí se habría acabado la legitimidad de todo. Quiero decir que el derecho a la protesta es inalienable, pero no puede significar el desconocimiento de las reglas de orden de una sociedad. Aquí en Chile tuvimos la protesta legítima del 18 de octubre de 2019, pero la protesta vino con la destrucción de 40 estaciones de metro. Lo que digo es que una cosa es el derecho a la protesta y otra la protesta violenta. Una semana después de aquel 18 de octubre, salieron a la calle un millón doscientos mil chilenos para solidarizarse con la protesta, no con la destrucción. Y ese día no hubo destrucción. Entonces, claro, como fue una semana después, el 25 de octubre de 2019, muchos hemos dicho por qué no conmemorar el 25 en vez del 18. Increíble, pero hubo un debate sobre eso. Muchos han dicho que los ataques a las iglesias y a las estaciones del metro fueron planeados. Bueno, dos años después de aquello, volvimos a la senda democrática. Aprobamos acordar una nueva constitución. Es una salida sensata y democrática al *impasse* en el que estamos, pero es un proceso largo que no resuelve ninguno de los problemas del diario vivir. Lo que yo siento que se está erosionado en esa brega diaria es el mecanismo de representación. El fenómeno digital vuelve a todos actores políticos, hace un actor político de cada quien, y tiende a plantear las cosas en blanco y negro, no en gris. Eres enemigo o amigo, eres de la élite o del pueblo, estás condenado por qué piensas distinto a mí o porque eres parte de la élite. La política deviene entonces más horizontal, todos somos iguales, pero es mucho más difícil tener una conversación seria y ordenar una demanda. Todo termina siendo una discusión binaria, blanco o negro. Esta mecánica tarde o temprano erosiona el sistema de representación. Primero se borran las líneas entre los representantes y los representados, entre el gobierno y los gobernados. Y esto induce, poco a poco también, un segundo fenómeno: una pérdida de legitimidad ¿Por qué de legitimidad? Porque se hace claro en el barullo de las redes que no hay suficiente espacio para esa conversación horizontal en las instituciones tradicionales. Hay que aprender entonces a escuchar ese barullo y esto es lo más difícil. ¿Cómo estableces mecanismos de comunicación entre elección y elección? No puedes gobernar a fuerza de plebiscitos cada vez que se plantea un problema, pero el ciudadano no quiere esperar cuatro años a que venga la siguiente elección. Quiere otro tipo de salida, más rápida y efectiva, más inmediata. Y en eso estamos, en la revolución digital de las expectativas políticas.

Castañeda: El asunto es de ida y vuelta. La gente, sobre todo las nuevas clases medias urbanas, altas o bajas, no se siente representada. Sienten que los gobiernos les son ajenos, que no atienden sus demandas, sus sentimientos, sus agravios. Los gobernantes, por su parte, tampoco encuentran la manera de administrar tanto enojo, tanta rabia como hay en la calle. En los hechos vemos una sucesión de muy malos gobiernos en América Latina. Con la excepción quizá de Uruguay y Costa Rica, no hay ningún gobierno sensato, presentable, de centro izquierda o de centro derecha. Los había a principios de siglo: Lagos en Chile, Cardoso en Brasil, Fox en México, Andrés Pastrana en Colombia. En México el resentimiento, la rabia, el coraje de la gente es real. No es algo inventado por López Obrador. Él lo manipula, lo agudiza, lo aprovecha, pero el enojo es real. Existe un problema de abajo hacia arriba y de arriba hacia abajo, de los representados y de los representantes. Coincido en que aparecen los dos problemas: uno, efectivamente, ¿qué hacemos entre elección y elección? Y otro, ¿qué tipo de representación debemos tener, qué tipo de régimen? Con un par de excepciones, seguimos con la calca del régimen presidencial norteamericano de 1820. No hemos cambiado nada en lo fundamental del andamiaje institucional desde hace dos siglos. Tiene rendimientos muy decrecientes y probablemente ya no sirve. Creo que es una conversación pendiente de fondo, sobre la disfuncionalidad de nuestro régimen político presidencial. Respecto de lo que se puede hacer entre elecciones para escuchar a la gente, ha surgido el experimento de la democracia deliberativa, que han probado en Irlanda, para oír lo que la gente pensaba sobre el aborto y su legalización.

Aguilar Camín: ¿En qué consiste el experimento?

Castañeda: El experimento se llama *Deliberative Democracy*. Consiste en convocar a un grupo de cien o ciento cincuenta personas representativas de toda la sociedad, un gran grupo de enfoque, que se reunió para deliberar sobre el aborto, asunto sensible si alguno en Irlanda. Se encerraron cada fin de semana durante cuatro o cinco meses, pagados, para discutir qué hacer con el asunto. Había facilitadores de la discusión, desde luego, y el compromiso del gobierno era, o bien poner en práctica lo que decidieran estos grupos de democracia deliberativa, o bien someterlo a la sociedad vía referéndum, pero en los términos decididos por el grupo, no adaptados por el gobierno. ¿Cuál fue la lección de estas asambleas deliberativas? Los expertos descubrieron que mientras más se delibera, más se acerca la gente. Los extremos se corren hacia el centro cuando empiezan a escuchar los razonamientos del otro, incluso en un tema tan sensible como el aborto en un país tan católico como Irlanda. El carácter vinculante del experimento para el gobierno es esencial. Así como el carácter binario de la pregunta. ¿Cuál debe ser el futuro de Escocia? Eso no sirve. ¿Debe independizarse Escocia o no? Esa pregunta sí sirve. En América Latina hoy uno podría pensar que abundan temas fundamentales que podrían procesarse con un mecanismo similar: ¿qué impuestos sí o qué impuestos no?, ¿legalización de las drogas sí o legalización de las drogas no? ¿Policía nacional o policía municipal? ¿Sistema de justicia por jurados o por jueces? Habría muchos más.

Aguilar Camín: Bueno, el cuadro está dramáticamente claro. De un lado, la detención del ascenso de las clases medias y la insatisfacción de las clases medias con lo logrado, un circuito donde el éxito se vuelve de alguna manera el propio argumento contra el éxito. Todo esto sucede sobre un enorme contingente de pobreza y desigualdad que sigue siendo el telón histórico de fondo de nuestros países. Si agregas a eso debilidades en la representación del sistema democrático, entonces tienes de partida democracias que no fueron realmente expresivas de la diversidad, de la pluralidad, y partidos políticos poco legítimos, poco legitimados. A eso hay que añadir, finalmente, la rapidez con la que las redes sociales, los nuevos instrumentos de comunicación piden cosas a veces justas, a veces injustas, pero sobre todo muy rápidas, y exigen respuestas que ningún Estado puede dar con esa rapidez: ese elemento de desgaste cotidiano es muy exigente, no hay gobierno que lo aguante. El ciclo de desgaste de los gobiernos es más y más rápido en América Latina y en todas partes.

Lagos: Bueno yo creo que ahí estamos en uno de los temas cruciales del momento actual, porque hemos dejado atrás, como sugerí antes, la política que se hacía en el sentido vertical. En cambio, hoy día la política ha devenido algo muy horizontal, el líder habla pero las redes sociales arden, y lo ponen en su lugar inmediatamente. Dicen que uno de los detonadores del 18 de octubre fue que un ministro del gobierno de Sebastián Piñera dijo: "La solución es levantarse más temprano", porque el metro colapsaba a cierta hora y la solución, según el ministro, era evitar esa hora madrugando. Le cayó el mundo encima. Y todo vino por las redes sociales, directamente asociado a las nuevas tecnologías, que canalizan muy rápido los movimientos de protesta. Ahora, un problema político serio es que de esos movimientos de protesta no surgen líderes. Y no hay cómo negociar políticamente con esos movimientos: no tienen representación y no les gusta que surjan líderes de la protesta, que alguien quiera quedarse con la causa. En Chile surgió el Frente Amplio, una organización que está más a la izquierda que la izquierda clásica. Bueno, la candidata presidencial de ese grupo fue maltratada en las redes porque el mismo hecho de ser candidata presidencial ya la hacía parte de la élite. Y ésta es una revuelta contra la élite, es una protesta contra el legislador porque es parte de la élite: vean si no el sueldo que tienen. Efectivamente, aquí lo que hay es que la ciudadanía tiene dos puntas muy difíciles de unir. De un lado tú estás orgulloso porque mejoraste tu situación, pero precisamente porque mejoraste tu situación ahora demandas más. Del otro lado, vuelvo al tema, ¿de dónde salen los recursos para satisfacer esas nuevas demandas? Es lo que estamos viendo en Chile. El Estado recibe el 20% del PIB desde hace veinte años: veinte años con el mismo 20%. Pero ahora la ciudadanía tiene un ingreso mayor y aspiraciones mayores. ¿Cuál es la experiencia de los países más ricos en esta materia? Muy clara: todos están gastando entre un 30 y un 40% del PIB para satisfacer a sus ciudadanos, y el estado de bienestar es una realidad. Aquí se han disparado las expectativas sin que se hayan disparado los ingresos, y si usted no puede satisfacer esas expectativas, tarde o temprano se va a producir un 18 de octubre chileno. Usted no puede multiplicar el ingreso por habitante por tres o por cuatro y mantener estancado los ingresos del Estado en un 20% del PIB, eso es lo que ha pasado en Chile. Hasta el día de hoy los ingresos del Estado son un 20% del PIB. Es un tema complejo porque es un círculo vicioso que puede ser virtuoso sólo si usted puede ir satisfaciendo las nuevas demandas. Si no, usted no está gobernando para las nuevas democracias, y la democracia va a liquidarse a la larga.

Castañeda: Varios países poco antes de la pandemia o durante la misma sufrieron sacudidas sociales importantes: Ecuador, Chile, Colombia, Cuba. Otros vivieron una explosión electoral, como México en 2018 y Perú en 2021. Los estallidos sociales provocaron diversas formas de contención estatal que implicaron un costo muy alto para los gobiernos, algo que yo no me hubiera imaginado hace veinte años. En Chile, a Piñera le fue muy mal con el uso excesivo de fuerza de los carabineros. Lo mismo le sucedió a Iván Duque en Colombia y hasta a la alcaldesa de Bogotá, una política emblemática. Cuba vivió una movilización inesperada y profunda que condujo a una represión abierta en las calles, algo nunca visto. Nicaragua caminó de plano al establecimiento de una dictadura. La condena internacional ha sido muy pareja, similar para todos los gobiernos, tanto por parte de Amnistía Internacional, como de Human Rights Watch y de la Alta Comisionada de Derechos Humanos de la ONU, Michelle Bachelet. Si uno toma los textos de Bachelet sobre Chile, Colombia, Nicaragua o sobre Cuba, son casi intercambiables. Todo esto es nuevo: no en el sentido de que no existiera represión antes —la ha habido toda la vida—, no de que haya reclamo, sino de que el reclamo sea profundo y suscite reacciones represivas que convocan el repudio internacional. Lo cual de cierta manera le ata las manos a los gobiernos para reprimir protestas. Pero, por otro lado, la negociación es imposible. Se trata de un empate de ingobernabilidad un tanto catastrófico.

Lagos: Puede ser muy grande la tentación de pensar que, a través de las redes, es posible influir en cuestiones internas de nuestros países. A mí me ha sorprendido, por ejemplo, cómo, repentinamente, el Trans-Pacific Partnership o TPP, que en Chile era un tema de las élites, empezó a tener en las redes una embestida en contra. Con cierta razón, porque Estados Unidos estaba utilizando el TPP para mejorar su posición en los acuerdos comerciales de libre comercio que tiene con nuestros países. Al final, el nuevo TPP terminó siendo visto con reserva por los países latinoamericanos, y por algunos en Asia, como Japón. Entonces, cuando llegó a la Casa Blanca Trump, se retiró del TPP. Nuestra decisión ante eso fue obvia: retirado Estados Unidos, se acabaron las objeciones, hagamos el TPP a nuestro gusto. Y rápidamente se hizo un acuerdo entre México, Chile y Perú, para ponernos de acuerdo con Japón, Australia y Corea del Sur y hacer nuestro TPP. Entonces, de repente, el TPP empezó a ser una mala palabra en Chile, las redes se dedicaron a destruir a cuanto parlamentario estuviera a favor del nuevo TPP.

Aguilar Camín: Un problema de la promesa democrática en América Latina es que vino a nuestras sociedades como una fórmula feliz que iba a resolverlo todo. Me acuerdo de alguna encuesta del PNUD que preguntaba si la democracia había traído mejoría económica. Y la respuesta mayoritaria era no. La pregunta llevaba implícita la creencia de que la democracia debía producir crecimiento o bienestar económico. Pero eso es un error. Lo que la democracia produce, si funciona bien, son libertades públicas, equilibrio de poderes, igualdad ante la ley, elecciones libres y gobiernos con fecha fija. Ni siquiera es garantía de que produzca buenos gobiernos. Para eso son las elecciones continuas, para quitar a los malos gobiernos. Pero el hecho es que los malos gobiernos y la mediocridad económica se van acumulando en la cuenta del desencanto por la democracia. La falta de resultados económicos y la torpeza de los gobiernos para producir bienestar van introduciendo una tensión política democrática, luego una pérdida de credibilidad política, luego desencanto, después irritación y finalmente el rechazo incontenible de la gente. ¿Rechazo a qué? A los gobiernos, a los partidos y, poco después, en general, a la idea misma de la participación política y de la democracia. El desencanto y el rechazo van creando esos vacíos que no cubren los políticos ni los partidos, y entonces aparecen los sustitutos providenciales, un señor o una señora que entiende esos desacomodos políticos, esas frustraciones, ese hartazgo y empieza a prometer cosas hablando como si no fuera parte de su sociedad, ni de su clase política, empiezan a aparecer ahí los Chávez, los Uribe, los Evo Morales, ahora los Bolsonaro, los López Obrador, los Bukele, y en Estados Unidos nada menos que Trump. Si uno piensa en Chile hacia atrás, en el buen arreglo institucional de la Concertación en competencia con la derecha, también una especie de coalición, entiende que tuvo una funcionalidad enorme porque al mismo tiempo la economía iba bien. Cuando se compara aquel país chileno con el que gobernaba Piñera, se resiente una baja de calidad y de funcionalidad enorme. Aquel Chile quedó atrás y no encuentra su nueva forma, y estamos hablando quizá del país mejor institucionalizado en la democracia de América Latina.

Lagos: Bueno, volvemos al mismo proceso. El desarrollo chileno que todos ustedes conocen significó rápidamente un cambio cualitativo de la sociedad chilena. Ya puse el caso de la pobreza. Veamos esta otra situación: en quince años se pasó de 200 mil jóvenes en educación superior a un millón. Esa expansión se debía financiar de algún modo Se diseñó un sistema que se basa en un crédito fiscal para los estudiantes universitarios, que pagan lo que se les ha prestado cuando terminan de estudiar. Y se establece el llamado CAE, Crédito con Aval del Estado, es decir que el Estado avala el crédito que le da el banco al muchacho o a la familia, y el crédito empezó a ser más barato, pero igual había que pagarlo con un interés. Eso dio lugar a la huelga de jóvenes secundarios en la primera presidencia de Bachelet (2006-2010) y a una huelga de los jóvenes universitarios en el 2011, en el primer gobierno de Piñera (2010-2014). Era muy claro que había que abordar aquello con mayores recursos fiscales, pero la derecha se opuso en el parlamento con una frase de un senador que dijo a miembros de su sector: "Esto aguanta una vuelta más de manivela". O sea: nos podemos aguantar más sin introducir modificaciones.

¿Cuáles eran las modificaciones? Más cobro de impuestos que tenían que venir de los sectores más acomodados. Vuelvo al tema de no escuchar: el problema estaba más que claro, dio aviso, no lo escucharon, y ahí tienes a los universitarios en rebeldía total con el sistema. Por eso yo digo que cuando se gobierna hay que escuchar y adelantarse a las demandas de la sociedad, o te rebasan. Eso sucedió con las líneas del metro, cuyas estaciones fueron atacadas en 2019. Desde luego había que extenderlas, desde hace mucho tiempo, para mejorar el traslado de la gente en la ciudad. Pero si no tienes plata para eso lo vas a posponer y la gente sigue haciendo hora y media para ir a trabajar y otra hora y media para volver. A las seis o a las ocho horas de trabajo hay que agregar dos o tres de transporte. El éxito del metro pedía más metro. Y por tanto, más dinero en el Estado. Tener un buen transporte público es caro, pero tiene que proveerlo el Estado porque si no acaba siendo todo más caro.

Aguilar Camín: En medio de la inmovilidad de la pandemia en nuestros países, eso que dice Ricardo Lagos sigue siendo fundamental: cómo escuchas lo que está sucediendo en tu sociedad en medio de la pandemia. Si te ha ido bien vas a tener más problemas para escuchar porque piensas que ya encontraste la solución, pero si te está yendo mal y quieres empezar un ciclo virtuoso, el problema sigue exactamente igual: cómo escuchas, en dónde escuchas. Teníamos un método, muy imperfecto, pero era un método. Había unos partidos políticos, unos candidatos que hacían unas propuestas, la gente votaba y le daba más a uno y menos a otro y a partir de eso tenías gobiernos con muchos recursos de conocimiento de su sociedad, con encuestas, con información estadística, con expertos, burocracias, gobiernos nacionales, gobiernos locales, economistas para medir qué está pasando en cada decil de ingreso. Pero tenías lo más importante de todo: la conexión con el mundo real de quienes tomaban las decisiones reales, es decir, de los políticos elegidos, muy imperfectamente, todo lo imperfectamente que se quiera, pero conectados con sus votantes. Lo que creo que estamos diciendo aquí es que esa conexión ya no alcanza, que los únicos cauces en que podemos pensar desde la democracia que conocemos, los de la representación partidaria, de las elecciones, de las burocracias, se han erosionado y no recogen bien lo que la gente quiere ni dicen bien lo que los gobiernos tienen que hacer. Ahora, tenemos una buena descripción de la crisis de nuestras democracias. Pero tenemos también una idea clara de lo que está apareciendo como forma sustituta de la democracia. No son dictaduras militares o civiles, al estilo de la Guerra Fría, sino diversas formas de populismo que nacen de la democracia misma pero que la van carcomiendo por dentro hasta desvirtuarla o desaparecerla. Hay muy buenos retratos del populismo. Pienso en el de Nadia Urbinati, *Yo, el pueblo*,[2] o en el de Jan-Werner Müller, *¿Qué es el populismo?*[3] Los rasgos comunes a los distintos populismos son más sorprendentes que sus diferencias, forman una especie de tipo ideal weberiano. El primer rasgo común es que estos movimientos se dan en el entorno de una democracia. Avanzan ganando elecciones pero su triunfo tiene un matiz cualitativamente distinto que otro triunfo democrático, porque es un triunfo que se plantea como una liberación, como un nuevo inicio de la historia. No es el triunfo de un gobierno democrático que va a corregir aquí y allá. No, es una nueva fundación de la política y de la sociedad. El líder populista se sitúa fuera de la sociedad real y promete cambiarla toda. Habla a nombre del pueblo, lo que quiere decir que en la sociedad no hay sino dos

---

[2] Nadia Urbinati, *Yo, el pueblo. Cómo el populismo transforma la democracia*, México, INE-Grano de Sal, 2020.

[3] Jan-Werner Müller, *¿Qué es el populismo?*, México, Grano de Sal, 2017.

entidades: el pueblo y el no-pueblo. Es, por tanto, un discurso anti pluralista. También es un discurso antielitista: se pronuncia contra el conjunto de las élites desprestigiadas y promete acabar con ellas, limpiar el pantano, como decía Trump. Ya sólo eso es una promesa de gran cambio, una promesa de transformación profunda, de revolución pacífica y democrática. Característico de esa promesa de cambio es que cuando el líder populista gana el poder en las elecciones y se vuelve gobierno, sigue hablando y actuando como oposición, sigue comportándose como el proyecto de cambio bueno, popular, que está siendo frenado, agredido, impedido, por el *statu quo*, por el mundo de los intereses podridos que este líder está derrotando o limpiando. La consecuencia de esto es que el líder tiene que afianzar su "poder bueno" y entonces, ya en el poder, empieza la captura de los otros poderes. Primero el Congreso, el poder legislativo; luego el poder judicial, simultánea o sucesivamente la captura o la neutralización de los órganos autónomos del Estado, el órgano electoral, el banco central. Al mismo tiempo hay una ofensiva contra las organizaciones de la sociedad civil, adversarias naturales del movimiento del pueblo, junto con una contención de la libertad de los medios. Finalmente, conforme el gobierno populista va logrando estas capturas y concentrando el poder, va cambiando las leyes sustantivamente, hasta plantearse la necesidad de una nueva constitución, cuyo rasgo central es establecer primero la posibilidad de reelección y luego de reelección indefinida. Con muy pocos matices de fondo, este es el camino que han seguido Chávez, Putin, Recep Tayyip Erdogan, Evo Morales, Viktor Orbán, Trump, Bolsonaro, López Obrador, Bukele. Ésta es la forma histórica que asoma tras el ocaso de nuestras democracias: una forma de destruir la democracia desde adentro, usando los recursos de la democracia. Porque atrás del populismo hay muchos votos, mucha gente con enormes ganas de creer, en busca de una salida rápida, clara, llamando a la puerta, con justos reclamos, con legítimas reivindicaciones, como decíamos antes. El populismo puede ser de izquierda o de derecha, puede ser contenido democráticamente, como sucedió con Trump, o derivar a la dictadura, como sucedió en Venezuela, y puede emprenderse con locuras o con equilibrios fiscales, pero su mecánica profunda es igual en todos los casos.

Castañeda: Ese último es un buen punto porque hay muchos que lo están haciendo con cierta contención fiscal. López Obrador en México, a su manera Bolsonaro en Brasil, lo hizo Evo Morales en Bolivia. Correa en Ecuador se vio obligado a hacerlo porque tenía el dólar como moneda oficial, lo mismo que Bukele en El Salvador. Ahora, el desorden fiscal de gobiernos que quieren satisfacer sus promesas con dinero público es una cuestión de tiempo. Tarde o temprano llegan al desequilibrio y a la crisis fiscal, o heredan compromisos incumplibles al gobierno siguiente, como a Bolsonaro en Brasil, donde las pensiones y los subsidios sociales tienen rango constitucional.

Aguilar Camín: Y ése es también el caso de México: los programas sociales de López Obrador tienen rango constitucional. Los va a heredar el gobierno siguiente. Ahora, frente a esta nueva forma que se asoma con tanta fuerza en el horizonte, creo que sólo tenemos una tradición maltrecha. Me refiero a lo que Jorge Castañeda mencionó al pasar, nuestro viejísimo régimen presidencial, copiado de Estados Unidos en el XIX y sostenido desde entonces, con las variantes del caso. Prácticamente ninguno de nuestros países tiene las condiciones de funcionalidad del presidencialismo estadounidense, a su manera una excepción histórica. Pero un rasgo acusado que no tenemos del presidencialismo estadounidense es su sistema bipartidista. En América Latina hay una proliferación de partidos más bien dignos de un sistema parlamentario. En todo caso, junto con nuestras democracias está fallando también nuestro régimen presidencialista.

Castañeda: En Chile se ha abierto la enorme ventana de crear una nueva constitución, y ya que Chile ha sido adelantado en nuestro continente en tantas cuestiones políticas, me pregunto qué están viendo los chilenos hacia delante en el horizonte de su constitución.

Lagos: A mí me gustaría pensar que habrá sensatez para poner las cosas como son. ¿Por qué? Porque el tema del régimen político va más allá de si es presidencial o parlamentario o si se toma el camino intermedio francés, donde conviven un presidente de la república y un primer ministro con mayoría en el parlamento. El régimen político no consiste sólo en elegir si manda el presidente o manda el parlamento. En el régimen político tiene que haber un equilibrio de poderes, como nos dice Montesquieu: el ejecutivo hace esto, el parlamento esto, el poder judicial esto otro, y ése es el equilibrio de poderes. Pero en la historia de América Latina, como decía Jorge, lo que impera es el esquema presidencial de los Estados Unidos, y es a partir de eso que seguimos estudiando estos temas. Parece difícil salirse de ese cauce histórico. Hay alternativas ahí: elijo por un sistema de representación proporcional o elijo por un sistema de representación de mayoría. El sistema electoral va a determinar un segundo elemento clave, que es el régimen de los partidos. ¿Vamos a tener muchos partidos o pocos partidos? ¿Qué régimen electoral podemos tener en Chile cuando ahora tenemos alrededor de veinte partidos políticos? ¿Cómo se construye una mayoría parlamentaria con ellos?

Castañeda: Partidos sin fin hay en todos los gobiernos presidencialistas de América Latina.

Lagos: Entonces es clave el tema de cómo se forma el partido político, cómo se mantiene. El sistema de partidos pasa a ser un elemento decisivo en las democracias. Un tercer elemento es el sistema de participación, hay mecanismos de participación, sabemos que la democracia tiene que ser representativa, pero también sabemos que los representantes parlamentarios que participan en nombre de sus elegidos tienen que saber escuchar y ahí está el tema de las nuevas realidades de las que hemos hablado. Entonces si ustedes me dicen: "¿Qué va a pasar en Chile?", creo que hay una tendencia a mantener el sistema presidencial aminorado. ¿Qué quiere decir aminorado? Que se van a buscar mecanismos de participación más importantes o más efectivos, de un poder en otro poder, del poder parlamentario en el ejecutivo y viceversa. Algunos han dicho que puede existir un arreglo para que el presidente de la república invite a parlamentarios para que sean sus ministros. Yo pienso que puede ser que la gente acepte que el jefe de Estado sea una figura decorativa, como en algunos países, pero el presidente de gobierno es el que manda en los temas de todos los días. Me cuesta imaginar que él o ella va a ser elegido de una manera indirecta por el parlamento y que los chilenos van a aceptarlo. Creo que los chilenos preferirán elegir al presidente o la presidenta. Al mismo tiempo, veamos lo que ha pasado: el presidente no es tan importante. Por ejemplo: aquí son exclusivos del presidente los temas que implican más gasto fiscal. Bueno, su partido dejó solo en esto al presidente Piñera y el parlamento se puso a legislar sobre sus facultades exclusivas. El presidente dijo: "Voy a recurrir al Tribunal Constitucional", pero como no lo hizo desde la primera vez, al final el Constitucional se lavó las manos y dijo: "Éste es un problema político, es el presidente el que no se entiende con las mayorías del parlamento, no me pidan a mí que lo resuelva: que lo resuelvan los políticos". Pero el Tribunal Constitucional está precisamente para resolver estos conflictos, no puede lavarse las manos si los parlamentarios resuelven aumentar el gasto fiscal. Autorizaron que cada cotizante pudiera recoger el 10% de su pensión. Eso no lo puede legislar el parlamento con una ley ordinaria. Entonces inventaron que su ley de retiros implicaba una reforma de la constitución, porque llevaba un transitorio autorizando, por esta vez el retiro del 10% de todos los fondos acumulados.

Castañeda: Lo mismo hizo López Obrador para tratar de extender dos años el mandato del presidente de la Suprema Corte: un transitorio en una ley normal. No lo consiguió, pero hizo el intento.

Lagos: Son triquiñuelas que enredan el problema en lugar de resolverlo. Entonces, en el caso chileno el debate se va a dar en torno a cómo será el régimen presidencial. Creo que vamos a tener un régimen que se va a llamar presidencial pero limitado. Otra alternativa es fortalecer al parlamento para que intervenga en las decisiones de gasto. Una pieza clave del Congreso estadounidense, por ejemplo, es que tiene una dirección de presupuesto tan importante como la del presidente. Es un ente técnico, respetado por los parlamentarios, que estudia los costos de las propuestas de gasto del ejecutivo y se asegura de que sean financiables. De otro modo, simplemente no pasan. El diálogo entre poderes tiene así bases muy sólidas: ¿Quieres esto? Cuesta tanto. ¿De dónde lo piensas sacar? Muy sencillo y muy exigente. Creo que éste es un tema que se va abrir en Chile: que haya una oficina parlamentaria que sea el contrapoder presupuestal de la oficina del presidente.

Aguilar Camín: Sería una pieza del régimen presidencial muy bienvenida en toda América Latina, creo. Si existiera en México, habría evitado muchos desastres. Porque una especialidad mexicana es emitir leyes sin medir su costo de aplicación. Dicen: "Vamos a establecer la educación preescolar obligatoria". Y la vuelven obligación constitucional, se aprueba por unanimidad, porque nadie va a votar en contra de eso. Pero nadie hace las cuentas de cuánto cuesta eso. Si las hubieran hecho habrían visto que no hay dinero en la hacienda pública ni para empezar a pensarlo. La costumbre legislativa mexicana es: "Vamos a hacerlo ley para que se haga realidad, aunque sea dentro de cien años; que nos persiga el compromiso hasta las calendas griegas, no importa: poco a poco iremos cumpliendo lo que ordena la Constitución porque la Constitución compendia no nuestras obligaciones, sino nuestras aspiraciones". Es una Constitución que aspira a volverse realidad algún día.

Lagos: Yo quisiera que en la próxima constitución chilena estuvieran incorporados temas que de alguna manera tocan urgencias de todo el continente. Empezando con los retos de la nueva polis digital, lo que quiere decir, como hemos repetido acá, diseñar algunos instrumentos para escuchar a la sociedad entre elección y elección. Éste es el único elemento realmente nuevo, revolucionario. Todos los demás pendientes siguen ahí y hay que resolverlos: el crecimiento, la desigualdad, el Estado de derecho, el estado de bienestar. Pero el nuevo mundo de la dificultad de gobernar, la dificultad que no conocíamos, es el mundo digital. Los países de América Latina deben responder a su tiempo, y éste es el tiempo de la revolución digital. Las redes sociales son lo nuevo en la polis, el nuevo mecanismo de coordinación de la protesta, la plataforma de los que han sido dejados fuera, o sienten estar fuera. El Estado no tiene elementos para escuchar lo que la ciudadanía le quiere decir. La ciudadanía le quiere decir todos los días que lo está haciendo mal y se lo dice en las redes sociales, pero lo que pasa en las redes no le llega al gobierno, no le llega al presidente.

Los muros del palacio son muy altos. El problema es que las redes sociales no crean instituciones políticas para escuchar y gobernar. Y aquí creo que tenemos el mayor desfase, porque toda forma de gobierno eficaz en el futuro deberá incluir esta realidad para poder adelantarse a lo que viene. El demagogo surge cuando el demócrata es incapaz de adelantarse a los hechos.

V. Después de la pandemia. Hacia un estado de bienestar social

Jorge G. Castañeda: La crisis del estado de bienestar es visible en todas partes: en Europa, en Estados Unidos, en América Latina. Lo poco o mucho que había estalló con la pandemia. Estalló proporcionalmente: menos en Alemania que en Estados Unidos, menos en Estados Unidos que en Chile o en México, pero todos los países mostraron sus debilidades. Nos recordaron, entre otras cosas, que los estados de bienestar son construcciones institucionales heredadas de la posguerra. Habían empezado a entrar en crisis en los ochenta, se sacudieron en la crisis de 2008 y no enfrentaron de manera satisfactoria la pandemia de 2020.

Ricardo Lagos: Si tú quisieras ponerle fecha de muerte a ese estado de bienestar, el réquiem sería 2008, cuando los que aún lo tenían se permitieron decir: "Si sostengo el costo de mi estado de bienestar, el mercado no lo va a entender. Debo enfrentar esta crisis con reglas de austeridad de tiempos normales". ¿Cómo es posible que si tienes un estado de bienestar digas que el mercado no te va a entender y que debes ser austero? Ésta es la lógica del anti estado de bienestar, y es negar la historia. Recordemos que su origen fue una reunión entre los economistas William Beveridge y John Maynard Keynes en 1940. Beveridge le presentó a Keynes un informe sobre cómo podía invertirse en seguridad social. El informe había escandalizado al ministro del Tesoro, porque hablaba de mucho dinero. Beveridge y Keynes se reunieron a almorzar, en un club, desde luego, a la inglesa, y ahí se convenció Keynes de que la cosa podía ser. Keynes fue entonces con el ministro del Tesoro, lo convenció, y así quedó amarrado el estado de bienestar inglés, en plena Segunda Guerra Mundial, a comienzos de los cuarenta. Después de la guerra, los alemanes adoptaron ese diseño, con definiciones muy sencillas, porque en Alemania lo único que hay es un artículo de la Constitución que dice que el Estado debe procurar que sus habitantes tengan buenas políticas sociales. Con esa frase han hecho todo lo que han hecho. Lo importante eran las ideas convergentes que estaban atrás, el espíritu de la época, muy acorde también en el propósito de crear el sistema de Naciones Unidas, con un Consejo de Seguridad como prerrogativa de los vencedores, con derechos de veto sobre el resto, y ahí estamos. El Keynes joven escribe en 1920 *Las consecuencias económicas de la paz*, donde predice que por poner condiciones tan duras a Alemania va a haber una explosión en ese país. Bueno, brotó el nazismo. Después de la Segunda Guerra Mundial, en Bretton Woods, Keynes dice: "No, aquí hay que pensar cómo ayudamos a los derrotados a salir del embrollo para que no vuelvan a lo de antes". Entonces, cuando le hablaron de un Plan Marshall de reconstrucción de Europa, Keynes lo abrazó inmediatamente, poco antes de morir, en 1946.

Castañeda: La simultaneidad es muy pertinente. Todo sucede más o menos en el mismo periodo. Se crea una red de políticas internas y foros internacionales que funcionan muy bien, incluso en medio de la Guerra Fría, mejor dicho: como respuesta institucional y diplomática a la Guerra Fría, que nadie quiere ver caliente otra vez. El hecho histórico, sin embargo, es que toda esa red institucional, en especial la que corresponde al estado de bienestar, cambia de ideas rectoras y se empieza debilitar a partir de los años ochenta, con la elección de Thatcher y luego de Reagan. Lo que pone en evidencia la pandemia de 2020 es que hay que volver al estado de bienestar, reconstruirlo o construirlo, según sea el caso en cada país, porque la pandemia a la intemperie, sin sistemas de protección social, ha sido brutal para muchos países y ha sido dramática incluso para los países mejor protegidos como Italia, España, Francia, Gran Bretaña, no digamos Estados Unidos. Cada quién puede tener una opinión de cómo hacer o rehacer su estado de bienestar, pero la necesidad es evidente en todas partes, incluida América Latina. Los saldos de la pandemia en México, Brasil, Perú, no pueden ser más dramáticos. Y la conciencia de que lo que hay no funciona, está muy clara en todas partes. Con Biden en Estados Unidos, la urgencia de replantear las redes de seguridad social va a tener un efecto global, me atrevería a decir que un efecto histórico, porque ésta es la materia social y política central de su gobierno. Lo fue durante la elección y lo ha seguido siendo en las decisiones absolutamente keynesianas de invertir lo que nunca en la activación de la economía, la conservación del ingreso y el empleo más allá de los montos finales y las dificultades legislativas. Ahora, hay mucho que construir y reconstruir. Vimos durante la pandemia, más allá de Trump, que organizaciones como la OMS, una joya de la corona del sistema de Naciones Unidas, no funcionó en 2020. Yo sí creo que el reclamo de Estados Unidos y de Macron y de Merkel a la OMS por ser un poco títeres de los chinos no carece de fundamento. Por casi un mes la gente de la OMS en Wuhan se hizo la tonta, no quería pelearse con los chinos. Con bastante razón, nadie quiere pelearse con ellos.

Lagos: Tal vez podríamos intentar dirigir una mirada larga a los últimos doscientos años, los años de la expansión de la Revolución Industrial y todo lo que significó, en particular el surgimiento de las instituciones modernas, el mundo de Adam Smith y de Carlos Marx, que ordenan buena parte del debate ideológico de esos doscientos años. Ese mundo terminó en conjunto con el siglo XX, porque la revolución digital en la cual nos encontramos nos cambió todos los parámetros. Somos herederos de un mundo que se medía a sí mismo en ingreso per cápita. Después de la Segunda Guerra Mundial el ingreso per cápita fue el fetiche que nos obligaba a crecer, porque de esa forma mejorarían los países. Y entonces la discusión se dio entre los keynesianos y los que no son tan keynesianos, hasta llegar al liberalismo extremo de Milton Friedman y toda esa historia. Seguimos analizando buena parte de nuestros problemas con aquellos instrumentos del siglo XX, pero en la revolución digital no nos sirven mucho. La pandemia ha adelantado la revolución digital. Aquí nosotros estamos hablando por un Zoom que antes no concebíamos, pero que está haciendo de la revolución una realidad distinta. El cambio epocal nos da un contexto más amplio. Muchas de las enseñanzas de comienzos del siglo XXI, parecen desfasadas veinte años después. Nuestra forma de entendernos en el siglo XXI va a tener que ver mucho más con el Zoom que con los periódicos del siglo anterior. En medio de todo esto, a nivel global suceden cosas increíbles. Estados Unidos, bajo Trump, desapareció de la pandemia y de su manejo global. China acaba de informarnos que no será en el 2050, pero sí en el 2060 cuando tenga una economía libre de carbono, un país que es responsable hoy del 25% de las emisiones del planeta.

Castañeda: Subrayaría la diferencia entre el 2000 y hoy. Es una diferencia negativa, no para bien. En el siglo XX se dio un proceso de construcción de instituciones internacionales, de Estados nación, de reglas dentro de los Estados y entre los Estados, que llegó a su término en el año 2000. A partir de entonces empezamos a ver una especie de camino inverso, que se encuentra hoy en su máxima expresión. Por primera vez en los últimos doscientos años tenemos una situación internacional en la que las dos grandes potencias son irrelevantes como tales, quiero decir: como organizadoras del mundo. Estados Unidos se debilitó en la ONU, en la OMS, en el FMI, en la OMC. China también, por razones distintas: no es un actor mundial a la altura de su poderío económico, de su población, de su potencial futuro. No está todavía actuando como una potencia. No proyecta fuerza militar, verdadera fuerza económica, ni presencia en los organismos internacionales. El momento crítico consiste en que tenemos una situación en la que las grandes potencias que tienen una especie de responsabilidad mundial no están a la altura, no hay a dónde ir a tocar la puerta.

Héctor Aguilar Camín: Un momento clave en la configuración del mundo en que estamos es, desde luego, la caída del Muro de Berlín y del socialismo real en 1989. Se impuso entonces la idea incontestable de que había triunfado la libertad en todos los órdenes. El Occidente capitalista declaró la victoria, se fugó al mercado, y dejó de atender las consecuencia sociales de esa fuga. Salvo en Europa, Occidente dejó de pensar en los problemas sociales cuando desapareció la amenaza del igualitarismo comunista. 1989 dio paso en todo el mundo a un nuevo optimismo capitalista, que tuvo algo de capitalismo salvaje, y volvió ciegos a los países frente a todo lo que no fueran los mercados y la liberalización política y económica. Me gusta pensar en lo que dice Castañeda respecto de Estados Unidos, la posibilidad de que en ese país pueda haber un gobierno fundacional con Joseph Biden. No porque Biden sea un gran político transformador, sino porque el momento histórico lo pide a gritos, como con Roosevelt en el siglo pasado, ahora con el acento puesto en la necesidad de crear en Estados Unidos algo parecido a un estado de bienestar europeo, dado el desastre del sistema de salud americano, que se hizo evidente en la pandemia. Buscando modelos para esa reforma, no hay modelo mejor, en el siglo XX, creo, que el estado de bienestar de la comunidad europea. La debilidad de nuestros sistemas de seguridad social durante y después de la pandemia nos recuerda que la desigualdad pura y dura sigue ahí, probablemente agravada por la pandemia misma.

Lagos: La desigualdad es una constante en toda nuestra historia latinoamericana. A partir, podemos decir, de la llegada de los europeos, el origen de la desigualdad es la estructura agraria de los fundos o las encomiendas que en la época española se le fueron dando a los colonizadores y que es el origen del latifundio y sus distintas evoluciones en el periodo colonial. La propiedad de la tierra ordenaba lo demás. En la independencia, no sé en otros países, pero aquí en Chile los inquilinos luchaban por el bando del patrón. Si el patrón era español peleaban por la Corona, si era "chileno", por la independencia. En consecuencia, en el caso chileno, durante todo el siglo XIX la desigualdad fue producto de la propiedad de la tierra. Y cuando se hizo un ferrocarril en este largo país, desde Santiago hasta el sur, llegó a la zona de la Araucanía, la zona donde había mayor población mapuche. Después de la Guerra del Pacífico, el ejército comenzó la "pacificación" de la Araucanía, que consistió en hacer reducciones indígenas, "territorios" se decía, donde sólo podía haber indígenas. La propiedad de la tierra podía ser para ellos pero después de hacer las reducciones. No necesito decir lo que significó la "pacificación" de la Araucanía en esas condiciones. Éste es un patrón prácticamente igual en todos los países de América del Sur. Hay diferencias en el caso portugués, pero tienen que ver más con la forma en que Portugal se traslada a América cuando Napoleón invade la península. El emperador Pedro se vino a Brasil. Y sucede que en Brasil la independencia la celebran cuando el emperador se regresa a Europa. Su hijo decidió quedarse por acá porque la vida era mejor, incluso lo fue a despedir. De modo que, uno de los aniversarios de la Independencia de Brasil es el del día que fueron todos los cariocas bailando hasta el puerto a despedir al emperador que se iba. Bueno, mientras el emperador estuvo en América hizo su trabajo: no aceptó los atisbos independentistas del norte, en toda la zona de Bahía, y tampoco los del sur, en São Paulo. Y gracias a que esos atisbos independentistas se liquidaron de raíz, Brasil tiene hoy día el tamaño que tiene, a diferencia de los países de América Latina, en donde seguimos exactamente la división colonial: el Virreinato de México, la Gran Colombia, el Virreinato de la Plata y los países más chicos y modestos que teníamos, las Capitanías Generales en Centro América, en Chile. La forma en que nos independizamos tiene mucho que ver con la realidad actual de una América Latina disgregada, donde Brasil es el país más grande porque no se disgregó en la lógica separatista de sus oligarquías locales. Bueno, el hecho, desde el punto de vista de la desigualdad histórica de nuestras naciones, es que en todos estos lugares lo que se preservó fue la estructura concentrada de la tierra. En Chile se mantuvo sin moverse prácticamente, hasta que se discutió la reforma agraria en 1962. Es más, los gobiernos de clase media, los llamados gobiernos "radicales" de Chile (1938-1952), llegaron a un acuerdo tácito: "No hablaremos de sindicalización campesina. Al proceso industrial sí, métale sindicatos, pero no a los grandes fundos agrícolas". No hubo sindicalización campesina hasta la llegada de Frei Montalva (1964-1970). A lo que voy con el ejemplo de Chile es que cuando se habla de desigualdad en América Latina, ésta tiene una raíz honda en la estructura de la propiedad de la tierra. Y eso hace una gran diferencia con Estados Unidos, en donde el tema opresivo es más bien la esclavitud, la necesidad de mano de obra esclava de las grandes plantaciones para poder tener los cultivos en el sur.

Castañeda: En Brasil y el Caribe también figura la esclavitud como factor de desigualdad, va de la mano con la concentración de la propiedad de la tierra. No se pueden poseer esclavos si no se tienen plantaciones, sobre todo de azúcar. La esclavitud es una especie de pecado original en Brasil y el Caribe, un poco también en Venezuela y Colombia. En Estados Unidos sigue teniendo el peso de un gran pecado original. La desigualdad racial, que es también económica, social y cultural, es una gigantesca asignatura pendiente en Estados Unidos.

Aguilar Camín: La historia pesa, y mucho. Pero lo que presenciamos hoy en América Latina, aunque pueda tener su origen en el campo, en las estructuras rígidas de la propiedad agraria, ya es fundamentalmente una desigualdad de orden urbano. Tiene que ver con la calidad de la vida urbana, de los empleos y los servicios de la vida urbana. Lo que pasó con la pandemia en nuestros países es que se destruyó en las ciudades un gran contingente de trabajadores urbanos, formales e informales que perdieron los ingresos y el trabajo que ya tenían. En México desaparecieron un millón y medio de empresas, y no hubo un colchón de protección, de inversión pública para atenuar esa caída. Después de la pandemia, el tema de la pobreza y de la desigualdad tiene que ser visto mucho más clásicamente, a la europea, como el reto de construir un piso de bienestar parejo para todos esos náufragos aspirantes a la clase media, y desde luego para los pobres, y para los pobres extremos. Tenemos un piso en América Latina de programas focalizados para los más pobres. Habría que ver si no quedó destruido eso también. Las que han quedado desamparadas del todo son las clases medias incipientes de nuestras no muy pujantes economías, esos millones de trabajadores formales e informales que con muy poco dejan de tener en un mes los bienes que tenían el mes pasado, y a partir de este mes son pobres otra vez, después de haber tenido una generación de buenas posibilidades, de un mejor nivel de vida. Entonces, acá el tema del combate a la pobreza y a la desigualdad tiene que ver con la necesidad de generar otra vez empleos y crecimiento económico suficientes para que estas clases urbanas vuelvan a tener opciones de trabajo, esperanzas de futuro, pisos salariales estables y si es posible crecientes. Las preguntas claves son entonces: cómo crear empleo, cómo reactivar la economía, en dónde poner el dinero, no sólo para que la gente lo reciba, sino para que la sociedad lo invierta y genere empleos productivos permanentes. Sin una economía andando es ilusoria la idea de un estado de bienestar. Porque el concepto fundamental del estado de bienestar es que redistribuye riqueza. Debe haber riqueza que distribuir, a menos que distribuyas a rajatabla la riqueza que hay, dejando de invertir y matando con eso tu posibilidad de crear riqueza nueva. La entrega de dinero a la gente tiene que ser financiada por una economía que funciona y genera excedentes. Lo demás, tarde o temprano es repartir pobreza. No hay sino que ver a Cuba o a Venezuela. El segundo aspecto fundamental es qué nuevas garantías institucionales de bienestar social van a tener *todos* los ciudadanos: los pobres, los menos pobres, las clases medias naufragantes y las no naufragantes, todos. Hay que responder a la pregunta de cuál es el piso de protección universal que puedes proponerte, a partir de las debilidades crónicas de nuestros sistemas de bienestar social, y de los alcances reales de nuestras economías. Cualquiera que sea la respuesta que demos a esta pregunta, tiene un requisito de viabilidad: hay que pagarla. Y no una sola vez, sino todas las veces, todos los años, para esta generación y para la siguiente generación. Un problema de las discusiones sobre el estado de bienestar en América Latina es que nadie habla de cómo pagarlo, porque en el fondo nadie quiere decir la palabra maldita que es *impuestos*. No hay estado de bienestar digno de ese nombre que no implique cargas fiscales altas que son anatema para nuestros países: cargas fiscales del 40% del ingreso, como en la Unión Europea. Si queremos hablar de estado de bienestar tenemos que hablar de impuestos. Y, desde luego, tenemos que hablar no sólo de empleos, sino de empleos bien pagados, tenemos que hablar de buenos salarios, de salarios que permitan el consumo y desaten el ciclo virtuoso de mayor producción, mayor consumo, mayor creación de riqueza. Henry Ford decía que les pagaba bien a sus obreros porque quería que pudieran comprarse un Ford.

Castañeda: El tema de los buenos salarios es fundamental y se presenta con claridad en sectores prósperos de nuestras economías, por ejemplo, en el ámbito de la agricultura capitalista moderna de México, una agricultura de exportación y altamente competitiva. A lo largo de los últimos veinte años ha vivido un verdadero *boom*, pero el jornal típico en esa agricultura de exportación difícilmente rebasa los 7 u 8 dólares diarios, 150 pesos mexicanos al día. Es muy raro que llegue a 10 dólares diarios. El problema del campo mexicano, donde se encuentra todavía el 17% de la población económicamente activa, es que el sector pobre es muy pobre, porque la tierra es mala, está fragmentada, atomizada, descapitalizada, y es tierra de temporal en su enorme mayoría. Y el sector rico es muy rico, es de agricultura de riego, tiene dos y hasta tres cosechas al año, está altamente capitalizada, pero los jornaleros de esa industria próspera y moderna no viven mucho mejor que el ejidatario que cultiva su parcela de hasta menos de una hectárea. Esto tiene mucho que ver con lo que decíamos de los radicales chilenos que no querían oír hablar de sindicatos campesinos. Casi no hay sindicatos agrícolas en

México. Los hubo un rato en algunos estados, la Confederación Nacional Campesina del PRI, pero no era un sindicato, sino más bien una maquinaria electoral. El hecho histórico resultante es muy extraño: la gente que trabaja en las grandes áreas de cultivo de cebada, materia prima para el primer producto de exportación agrícola que es la cerveza, trabaja para algunas de las empresas más modernas y más competitivas del mundo, pero su salario no llega a los 10 dólares diarios. Hay un problema de salarios bajos y ganancias altas. Aquí entra la discusión sobre las políticas redistributivas versus las predistributivas. Cada vez más, los expertos consideran que es imposible reducir de modo duradero y significativo la desigualdad únicamente por la vía redistributiva: impuestos y transferencias. Sin aumentos de salarios mínimos y promedio, sin mejorar la educación y la capacitación continua, sin reducir la informalidad, la brecha de desigualdad es demasiado ancha para ser acortada sólo con impuestos y transferencias. Conviene recordar que —salvo las experiencias de Chile entre 2000 y 2018, muy ligeramente, y de Brasil entre 2005 y 2012— sólo Cuba y Puerto Rico han logrado una disminución sensible y duradera de la desigualdad (medida con el Gini). Ello sólo fue posible gracias a la expulsión masiva de parte de los habitantes, de un subsidio externo gigantesco y de gobiernos empeñados en hacerlo a lo largo de varios decenios.

Aguilar Camín: Pero el caso de Cuba es el que no quieres: reducir la desigualdad empobreciendo a todos.

Castañeda: Desde luego.

Lagos: La pregunta siguiente es: ¿qué hacer? ¿Podemos pretender, a la europea, que la distribución de ingresos, la desigualdad que mide el índice de Gini, cambie radicalmente, como cambia en

Europa, antes y después de impuestos? Es decir, ¿que la intervención distributiva del Estado a través de los impuestos y la creación de bienes públicos reduzca, visiblemente, la desigualdad?

Castañeda: Yo diría que ése es el reto. En síntesis: ése es el reto.

Aguilar Camín: Quien lo tiene bien visto y hasta medido para México es el economista mexicano Santiago Levy, exvicepresidente del BID. Ahora ha extendido su diseño a la América Latina. Hay que responder preguntas precisas: cuánto cuesta un Estado de bienestar, cómo financiarlo, cómo diseñarlo institucionalmente a partir de la red de seguridad existente. Porque no partimos de cero. El crecimiento ha sido mediocre, pero ha tenido buenas épocas. Chile tuvo una época fantástica al arranque de su democracia, con altos crecimientos, excepcionales en América Latina. México tuvo años buenos de crecimiento en los sesenta y setenta del siglo pasado, y luego un desplome. A principios de los noventa volvimos a tener un camino interesante y luego otro desplome en el 95. A partir de ahí entramos en esta época, que nos parecía muy mediocre, de crecimientos de 2% promedio al año. Estábamos muy inconformes con eso. Ahora nos damos cuenta de que eran una bendición. América del Sur tuvo muy buenas tasas de crecimiento durante la marea rosa y el *boom* de las *commodities* en la primera década del siglo. Pero hay un problema insalvable, que no hemos podido solucionar en América Latina que es el de alcanzar crecimientos firmes, altos y sostenidos de la economía, digamos a la manera de los países asiáticos. Y hay muchas razones para ello, pero la central es la falta de inversión sostenida. Si tú piensas en la Europa de la posguerra y el Plan Marshall, pues lo que ves es un proceso intensísimo de inversión. Algo parecido sucedió con los fondos especiales que dio la Unión Europea en los ochenta para infraestructura a países que no la tenían bien desarrollada. A España, si no me equivoco, le dieron 80 mil millones de dólares de aquellos años para mejorar sus carreteras y su infraestructura en general. Y no se diga la inversión sostenida de China y los tigres asiáticos. Entonces hay un problema sistémico de crecimiento económico errático, porque hay un problema sistémico de baja o mal sostenida inversión. Y luego hay un problema que ve muy bien Levy, un problema institucional, en el sentido de que la concepción original de nuestro sistema de salud, del sistema de protección social que hay en México, no garantiza derechos y protección universales. Ofrece un sistema de seguridad para el trabajador formal de la empresa privada. Otro para los trabajadores del Estado. Otro para trabajadores petroleros. Otro para los militares. Otro para quienes no están en ninguno de esos regímenes. Y luego está la seguridad privada que es cara y minoritaria, no cubre a más del 10% de la población. La solución que propone Levy es universalizar los derechos de protección social, como están universalizados, por ejemplo, en la educación pública. Estoy hablando de México. En México hay derechos universales en la educación: por el hecho de ser mexicano tienes derecho a ir a la escuela pública. Si te puedes pagar la educación privada pues te la pagas, pero en principio no tienes que ser hijo de ningún trabajador especial para ir a la escuela pública, puedes ser hijo de padres ausentes, tu padre puede ser operador o puede ser ingeniero y tu mamá abogada o cocinera. En el sistema de salud no, porque, como dije, hay varios sistemas. Si tú eres un trabajador de empresa privada vas al Seguro Social; en el Seguro Social se financian las cosas con una aportación que hace el trabajador, una aportación que hace el patrón y otra que hace el gobierno, pero para tener derecho a ese sistema de salud, que incluye seguros contra accidentes, de desempleo y pensiones, tienes que ser un trabajador industrial o un trabajador comercial en una empresa formal privada. Si tú eres burócrata o si eres maestro público, o administrador público, entonces vas a un régimen distinto que es el Instituto de Seguridad y Servicios Sociales de los Trabajadores del Estado. Para ir ahí tienes que ser trabajador del Estado, tienes que estar contratado en alguna dependencia pública. Luego están los otros sistemas que son corporativos, como el de los militares, que administran las fuerzas armadas, o el de los trabajadores petroleros de Pemex, que tiene su propio sistema de seguridad social. Los que no son trabajadores de empresa privada, ni burócratas, ni militares ni petroleros, no tienen seguridad social. Se había creado para ellos un sistema llamado Seguro Popular, que llegó a tener 57 millones de asegurados. Pero el gobierno de López Obrador lo desmontó en favor del diseño de su propio Instituto de Salud para el Bienestar, que ha sido una catástrofe. Lo interesante de Levy es que ve el problema con una mirada estructural. Dice: "Esto no es sólo un asunto de justicia social, es un asunto de racionalidad y productividad económica". Aquí lo que hay que hacer es establecer un sistema parejo, como el de la educación pública, en donde el mexicano, por simplemente nacer en México, o el migrante que esté aquí por el hecho de estar aquí va a la escuela, y va a los hospitales también. Y queda inscrito en un régimen de seguridades contra accidentes, desempleo y retiro. Ahora bien: ¿cómo se paga eso? Pues se paga igual que se paga la educación pública, se paga con el fondo fiscal general. De acuerdo, pero ese fondo no existe porque todo el presupuesto está repartido y asignado según las instituciones de seguridad mencionadas. Bueno, responde Levy, pongamos todo en la misma bolsa, fusionemos las instituciones y paguemos todo con un fondo fiscal único. En el cálculo de Levy, para México esto requeriría el equivalente de cinco puntos adicionales del PIB, y una reingeniería institucional de época. Pero al final tendrías el sistema de seguridad a la europea que hoy no sueñas tener. Un cambio fiscal e institucional de este tamaño es algo que habría podido plantearse un presidente poderoso como López Obrador. No lo hizo. Por el contrario, se dedicó a desmontar lo que había y dejó sin protección a millones de personas.

Lagos: Llegamos entonces al gran tema de las estructuras impositivas y el financiamiento de los servicios de educación, sanidad y jubilación. Aquí todavía en América Latina me da la impresión de que hay una fuerte carga ideológica, en el sentido de que o lo resuelven los mercados, o lo resuelven las personas individualmente, o lo resuelven los grupos corporativos cuando se capturan un pedazo del Estado, pero en ningún caso se plantea el problema de cómo financiar el conjunto. Es preciso tener una mirada que establezca la necesidad de que el bienestar colectivo debe poder financiarse con estructuras impositivas progresivas. El caso de Pemex que mencionas sería típico. Pemex ha financiado al Estado y financia a sus propios trabajadores. Todas esas modalidades son efectivas, son reales y vale más eso que nada, pero desde el punto de vista global del país la pregunta es cómo avanzar hacia un solo sistema en los distintos ámbitos. En el caso chileno lo que hemos tenido es el cambio copernicano que implicó la dictadura con un determinado modelo y después la larga lucha durante treinta años de cómo empezar a desactivar ese modelo y de cómo hay sectores que todavía en el día de hoy están por defender el modelo y que no se toque nada. Entonces, no hay, como en los países europeos, el entendimiento de que tiene que haber un cierto mínimo de bienestar. ¿Por qué es tan difícil entender esto y caminar hacia allá en América Latina? ¿Son los fuertes intereses creados? ¿Es el sector empresarial, un sector un poco retardatario respecto de lo que son las posibilidades futuras? ¿Es la debilidad de los gobiernos? ¿La falta de sindicatos y de organización de los trabajadores? Bueno, heredamos todo eso, pero tenemos que preguntarnos qué hacer ahora frente a esta pandemia, que agudiza las contradicciones. ¿Cómo se puede salir de ella mirando a los segmentos altamente perjudicados. ¿Podemos tener una mirada general en este sentido o más bien ver país por país, porque no hay sistemas tributarios similares, como los hay en Europa? En eso incluso Estados Unidos es débil. Creo que valdría la pena intentar un abordaje global, aunque pueda parecer complicado por la desintegración de nuestros organismos latinoamericanos. Pero si asumimos que habrá un cierto multilateralismo activo por parte de la administración Biden, quizá podamos volver a mirar hacia América Latina en su conjunto, pensar que, superada la pandemia, pueda haber una nueva mirada hacia delante. Pensar cuáles deberían ser las líneas gruesas de convergencia, en materia impositiva, por ejemplo. Podríamos repensar juntos el tema del IVA, por ejemplo, un asunto clave que es anatema en algunos países. En México entiendo que no se puede hablar siquiera de IVA en alimentos y medicinas.

Aguilar Camín: Ni la primera palabra.

Lagos: Pero urge levantar la vista, aproximar las miradas sobre estos temas en la región y ver si hay elementos como para avanzar. Si ustedes piensan lo que va a pasar con la administración Biden, todo apunta a que va a jugar un rol activo a nivel multilateral, va a hacer algunos planteamientos a nivel del G20 o G7. Y creo que eso también abrirá un espacio de rediscusión de estos temas. La pandemia es un remezón tan grande que va a obligar a reformas bastante profundas en el ámbito social en cada uno de nuestros países. Ahí pueden abrirse espacios para algo más colectivo. Volviendo a la fiscalidad, hay dos temas para el Estado: los impuestos que hay y la capacidad de cobrarlos, frente a la evasión ilegal y la elusión legal del pago de impuestos. Lo primero es deficiente en todos nuestros países, salvo quizá en Brasil. Lo segundo es un hoyo enorme en todas partes. El resultado es un Estado con débil poder fiscal. A esto hay que agregar el mundo de la economía informal que por definición no paga impuestos, o los paga sólo cuando consume.

Castañeda: En México, el impuesto sobre la renta sigue siendo más o menos la mitad de lo que se recauda pero se presta muy fácilmente a la evasión por la economía informal. Queda el impuesto al consumo que en Chile es del 20% pero en México y en otros países es menor y con grandes exenciones. Al final hablamos de Estados que no tienen la fuerza política necesaria para cobrar impuestos. La exigüidad del impuesto sobre la renta proviene en parte de la dificultad de recaudarlo cuando hay una economía informal tan grande, a menos que se creen incentivos para la formalización, y que la gente sepa que va a pagar más impuestos, pero que va a recibir algo claro a cambio. Pero eso nadie lo ha podido organizar: en México por lo menos, creo que en Chile tampoco, porque no existen beneficios o recompensas tangibles por la formalidad, porque hay un sistema de parches que permiten conseguir por vías alternas los bienes que traería pagar impuestos. En México es muy claro: hay otra manera de tener seguro médico siendo un trabajador informal, hay otra manera de acceder a la vivienda, a la educación pública para los niños. Si no es indispensable formalizarse, pues la gente no lo va a hacer, y si no lo hace no paga impuestos sobre la renta, a partir de lo cual se crea un círculo vicioso de obligación relativa en el pago de impuestos que ninguno de nuestros países ha podido resolver muy bien. Los brasileños un poco, pero tampoco claramente.

Aguilar Camín: En México tendríamos una oportunidad de replantear la carga impositiva, porque la carga real es muy baja, algo así como el 11% del PIB. La tasa del IVA es de 16% pero no es pareja en todo el territorio y excluye no sólo medicinas y alimentos, sino una lista larga, poco analizada, de otras excepciones. Por ejemplo, para, colegiaturas y construcción de vivienda. Según las cuentas de Levy, sólo de impuesto al consumo de alimentos y medicinas podría salir el financiamiento de un sistema de seguridad universal. Pero ese impuesto es un tabú de tal tamaño que apenas se puede hablar de él. Se trata, en efecto, de un impuesto muy regresivo, pero hay evidencias técnicas de que se le puede cobrar a todos y luego devolverle a los que más lesiona incluso más dinero que el que les quitaste. Hay evidencias de que eso se puede hacer, pero políticamente es hasta ahora simplemente inviable. No se entiende siquiera que en una economía como la mexicana donde el 60% de los trabajadores son informales, el único lugar donde pueden cobrarse impuestos universalmente es en el momento del consumo. Valdría por lo menos hacer las cuentas y ver de qué sistema de seguridad estamos hablando. No va a ser de calidad alemana, porque no tenemos una economía alemana. Va a ser un sistema de calidad mexicana o chilena o peruana, y del tamaño que podamos y queramos pagarlo. Eso sí: vamos a tener lo que paguemos, si pagamos un coche barato, tendremos un coche barato, si pagamos un Rolls-Royce, pues vamos a tener un Rolls-Royce. Los alemanes tienen un Mercedes-Benz, nosotros quizá tendríamos aquel Volkswagen sedán de batalla, que ya descontinuaron. Pero habría un coche completo igual para todos, no un coche para unos y una bicicleta para otros. No hay que perder la esperanza de que Biden y sus demócratas, ante la nueva conflictividad racial americana y el desastre de la pandemia, al arreglar su problema de bienestar social con altas inversiones y buena reingeniería institucional, envíen al mundo y a nuestro continente un mensaje de viabilidad de estados de bienestar dignos de ese nombre.

Castañeda: Hay un tema que siempre se nos complica en América Latina. Durante los años veinte y treinta del siglo pasado, después de la guerra, fue en gran medida la existencia de la URSS y de los partidos comunistas lo que llevó a la creación del estado de bienestar europeo para evitar que otros países se volvieran calcas de la Unión Soviética. Eso se confirma sobre todo a partir de 1948, cuando queda evidente que sí puede suceder, es decir, que se puede replicar el modelo soviético por la fuerza y con un costo gigantesco, pero que se puede imitar en partes incluso modernas de Europa, como Bohemia, como Alemania del Este. Nosotros tuvimos, frente a la Revolución cubana en los años sesenta, la Alianza para el Progreso, que, salvo durante algunos años y algunos países, no cuajó, porque Estados Unidos se hundió en la Guerra de Vietnam y porque la Revolución cubana resultó no ser exportable. Al principio fue creíble que podía haber una Revolución cubana en toda la región. Pero muy rápidamente el temor perdió credibilidad y la amenaza de un mal mayor dejó de existir. Cuando no hay un mal mayor, tampoco hay un mal menor. Para nuestros empresarios de aquella época, al esfumarse la credibilidad de la amenaza cubana o castrista, dejó de haber un motivo válido para pagar más impuestos, para contribuir más a la sociedad. Todo lo que se hizo en Europa por temor al mal mayor, en América Latina no sucedió porque Cuba no fue viable como modelo. Desde la desaparición de la URSS, en América Latina nos hemos quedado sin un motivo significativo del cambio.

Doy un ejemplo que podría parecer exagerado. Cuando empezó la pandemia en México, el gobierno primero cerró las escuelas y quiso que los niños se conectaran *online*. Muy pronto resultó evidente que la conectividad mexicana era tan lamentable que no había forma de lograrlo salvo para algunas escuelas privadas, ni siquiera todas, o para escuelas públicas en ciudades muy prósperas. Los niños y los maestros empezaron entonces a comunicarse por

WhatsApp, por celular. En México, sin embargo, la gran mayoría de las familias e incluso de los niños con teléfono, lo tienen de prepago. Es inmensamente más caro que el de pospago, el que tenemos nosotros. Ahora bien, da la casualidad de que en México la decisión de haber vuelto gratuito el servicio de WhatsApp por teléfono para los niños de primaria o secundaria, ciertamente con dificultades logísticas innegables, es de un solo hombre. Si está de acuerdo, sucede. No sucedió, y ese hombre obviamente es Carlos Slim. ¿Por qué lo iba a hacer, por qué iba a andar regalando dinero? Es cierto que el teléfono no distingue entre un niño y un adulto. Si se vuelve gratuito el servicio de WhatsApp para los niños, se van a aprovechar los adultos. El argumento que lo hubiera podido convencer tal vez era que si en esta pandemia no hay una serie de cambios importantes, va a venir algo mucho peor. Ese argumento para Slim hoy, y para nosotros también, no es creíble. ¿Qué puede ser peor? Nada. Ni en condiciones de pandemia hubo presión social suficiente sobre el gobierno y sobre las empresas para bajar precios. Me temo que la pandemia no está generando una verdadera amenaza tampoco de que las cosas pueden empeorar mucho si no hay una fuerte apuesta social desde la economía y desde el Estado.

Aguilar Camín: Creo que la amenaza en efecto no está siendo percibida como extrema, pero hemos dicho aquí desde el inicio de nuestras conversaciones, hace un año, que la pandemia tendrá unas consecuencias políticas enormes en el continente. Y las está teniendo. Nuestras democracias están sufriendo virajes dictatoriales, como en Nicaragua o poco democráticos como en Perú, y nuestros populismos están tomando rumbos tiránicos, pienso en El Salvador y en México, donde el riesgo es un populismo exacerbado, autoritario, que da pasos hacia su base radical y hacia la militarización del país. Este cuadro de fragilidad democrática latinoamericana, que ahora incluye a México, debería ser una amenaza suficiente para las democracias desarrolladas, y para los propios latinoamericanos. Pero este proceso no produce una reacción potente ni dentro de los países en trance ni en el ámbito internacional. La OEA da su batalla, pero no parece haber una mirada de preocupación seria hacia América Latina en Estados Unidos, ni en Europa, en el Occidente democrático en general. No hay un eje democrático internacional activo. En México, el presidente mantiene una alta aprobación personal y una baja aprobación como gobierno, pero muestra cada vez más su perfil de vieja izquierda, procastrista, antidemocrática y hasta procomunista, propia del mundo anterior a la caída del Muro de Berlín.

Ahora, como hemos dicho aquí largamente, la amenaza que sí existe para Estados Unidos es China. China es una amenaza creíble, global, que podría inducir en Estados Unidos el impulso de lanzar algo parecido a un Plan Marshall o una nueva Alianza para las Américas, algo que reconozca la dimensión del daño que han recibido nuestros países, y la posibilidad de recuperarse en un rumbo constructivo, democrático, liberal y socialdemócrata. Pero no vemos ese gran diseño para el hemisferio occidental de parte de Washington, ni vemos surgir en América Latina una corriente favorable a esa alianza. Más bien vemos descomponerse el continente, como hemos dicho, en su nueva división y en su nueva soledad geopolítica, en medio de una crisis que sacude todos los cimientos de sus economías de mercado y de sus sistemas democráticos. Deberíamos insistir en la reflexión hecha aquí de voltear hacia la experiencia de la socialdemocracia en el gobierno. Creo que es un horizonte que va a regresar aún si no hay un diseño explícito con la etiqueta socialdemócrata. Me parece que el horizonte socialdemócrata está presente, aunque sus políticos huyen de la etiqueta, en la agenda de Estados Unidos frente a la baja calidad de sus servicios médicos, de sus bienes públicos en general y de su infraestructura en particular, que ahora incluye objetivos de política social que no habrían sido imaginables sin la pandemia.

Lagos: Creo que el tema del estado de bienestar va a definir realmente qué clase de países vamos a tener al salir de la pandemia. Hay el otro tema de cuánto tardaremos en recuperarnos, en volver digamos a la posición prepandemia. Se dice que México va a tardar hasta el 2025 en volver al 2018. Los otros países de América Latina poco menos o poco más que eso, pero para todos será fundamental el tema de cómo va a plantearse la reactivación económica. Y en esto vamos a tener urgencias muy similares. Una conversación clave entre nuestros países debería ser cómo lograr la reactivación económica, y cómo en torno a la reactivación económica podemos encontrar un canal común latinoamericano, más allá de las ideologías. Me gustaría pensar que hay un espacio para algo tan concreto como decir: "Está bien, nos juntamos para ver cómo reactivamos". Yo sé que cada país es distinto, unos tienen más acceso al crédito, otros menos. Pero en todos tenemos el tema de qué hacer con los sectores pobres y con los que aspiraron a ser sectores medios y durante la pandemia han visto cómo se les va de las manos la posibilidad, y ahí es donde empieza a correr la otra etapa del estado de bienestar.

Aguilar Camín: Un asunto muy clave en esto de la pandemia es el que tiene que ver con las mujeres; el daño de la pandemia en los distintos países es infinitamente mayor en las mujeres. No puedes salir de esta pandemia sin una muy agresiva política de género, en el sentido de un Estado que invierta muy puntualmente en cuidados que son en este momento responsabilidad tradicional no pagada de la mujer. Las mujeres no sólo han perdido ingresos y empleos que tenían fuera de casa, sino que han sido recluidas por la pandemia dentro de sus casas a aguantar a sus maridos, a cuidar a sus hijos y a cuidar a los mayores. La seguridad social del futuro de América Latina debería tener un sesgo de género absoluto a favor de las mujeres.

Lagos: Creo que ese sería un buen ángulo para calificar la calidad del estado de bienestar que queremos después de la pandemia: si cambia o no cambia la aguja de género, si las mujeres quedan protegidas cabalmente, y cuánto. Eso, en lo social. En lo político, creo que lo fundamental es no perder la brújula democrática. Y para eso haríamos bien en mirar a países que lo han hecho bien, y que no acostumbramos mirar. Pienso en Uruguay. Hace poco, con los homenajes que hicieron en Uruguay a Tabaré Vázquez, se hizo presente todo el espectro político uruguayo y nos dejó claro a algunos lo que han logrado, su clara visión de qué es un sistema democrático, y no se pierden, como andamos perdidos otros en el continente.

Epílogo
América Latina en su laberinto

Héctor Aguilar Camín: Podemos empezar nuestra reflexión final tratando de hacer una radiografía política de América Latina a la hora de la invasión rusa de Ucrania, la última gran sacudida del orden mundial. Si nosotros pensáramos, en este momento, en una asamblea latinoamericana, donde los dirigentes hablaran honestamente sobre su posición frente a este conflicto, lo que encontraríamos probablemente sería una fragmentación mucho mayor, o más enconada, de la que hemos conversado. Encontraríamos una diversidad de alineamientos enfrentados. Tendríamos, primero, un alineamiento absoluto a favor de Rusia por parte de las dictaduras del continente, Cuba, Nicaragua y Venezuela. Para todo efecto geopolítico, estar a favor de Rusia en este momento es una manera de estar a favor de China. Tendríamos luego unos alineamientos intermedios, antiestadounidenses o antimperialistas, prorrusos y prochinos, inconfesos, titubeantes, que serían México, Argentina, Brasil —lo mismo con Bolsonaro que con Lula, si gana la presidencia—, Bolivia, Perú y con Petro en Colombia. Luego tendríamos otros cuantos países, vamos a decir, comprometidos inequívocamente con Occidente, que serían Chile, Uruguay, quizá Costa Rica, Ecuador, Paraguay. Es decir, vemos no sólo una desunión, sino una fragmentación de posiciones, aun dentro de lo que se considerarían gobiernos echados a la izquierda. Porque no hay que engañarse, los nuevos llamados gobiernos de izquierda son muy distintos entre sí y carecen por completo de una agenda común de desarrollo. Y eso sí puede complicar mucho las cosas en el mundo que viene. Porque coincido con Jorge Castañeda: aunque no fuimos el primer objetivo de presión para Estados Unidos, creo que si se consolida esta guerra fría cuatripolar, vamos a sentir la presencia de Estados Unidos de una manera muy seria en favor de un alineamiento con ellos, una presión ejercida menos contra las tendencias prorrusas que contra las simpatías con China, cuya presencia en el Cono Sur es muy grande, pero no sé si va a ser tolerada igual ahora por Estados Unidos. Lo que nos espera hacia adelante, entonces, es una guerra fría más compleja que la que tuvimos hasta 1989 y también un nuevo menú de oportunidades. Por ejemplo, México podría tener grandes ganancias estratégicas económicas, comerciales y de industrialización si se alineara de frente y sin titubeos con Estados Unidos para sustituir las importaciones chinas en el mercado norteamericano. Creo que sería el mismo caso, sustantivamente, de Chile, aunque le siga vendiendo mucho cobre a China, y de Brasil, aunque le siga vendiendo mucho hierro y soja, y de Colombia, Perú, Uruguay, y de Centroamérica toda, salvo Nicaragua, que se fue por el hoyo de su historia hacia Somoza. Nos espera un mundo más complejo de tensiones diplomáticas, y presiones de alineamiento. No sé si va a haber espacio para esa invitadora noción de "no alineamiento activo". Tiendo a dudarlo. Creo que en nuestro continente vamos a tener más bien exigencias de alineamiento claro. Una cuestión clave será cómo se inserta en este juego el antimperialismo histórico de nuestros países, el nacionalismo antiamericano. A propósito de esto vale preguntarse si está volviendo la marea rosa a la América Latina? ¿Se alinea nuevamente América Latina hacia la izquierda? Sube Pedro Castillo en Perú, Petro ganó en Colombia. Lula parece llamado a ganar en Brasil. Gabriel Boric gana en Chile. México y Argentina crean un eje, México defiende a Cuba, a Venezuela, a Nicaragua, critica a la OEA. Argentina se abstiene de condenar a Rusia en la ONU...

Ricardo Lagos: Políticamente, yo no estoy seguro de que regrese la marea rosa como tal. Todo el mundo hace cálculos de muchos cambios. Pero lo que pasa sistemáticamente, por ejemplo, en Perú es más bien una historia antigua: un parlamento con demasiadas atribuciones políticas, lo cual ha devenido en un sistema parlamentario donde al final el presidente tiene que contar siempre con la confianza del parlamento, porque si no lo destituyen; el parlamento tiene facultades para destituir al presidente. Lo de Brasil y el potencial regreso de Lula tiene que ver sobre todo con lo mal que lo ha hecho Bolsonaro. Pero el nuevo presidente de Chile, Gabriel Boric, no parece ir por ese camino de la marea rosa. Fue a la Convención Constituyente a dos días de ser elegido, lo recibieron con abrazos y él les dijo: "No quiero una Constitución partisana". Ésa es la palabra que usó: *partisana*. O sea, quiero una Constitución que interprete a todos los chilenos, no una Constitución partidaria.

Aguilar Camín: Esto es fundamental: ¿qué clase de gobierno de izquierda podemos esperar en Chile?

Lagos: Bueno si consideramos lo que dice el presidente Boric, claramente es un gobierno respetuoso de las reglas de la Constitución democrática. La Constitución tiene que hacerse de acuerdo con las normas democráticas, y creo que eso significa buscar los mecanismos para poder tener acuerdos sobre los grandes temas. Hoy puede que la respuesta sea menos segura que esto último.

Aguilar Camín: Parece entonces que será la excepción en el tipo de gobiernos de izquierda que se consolidaron o volvieron al poder poco antes de la pandemia y durante ella. Por cierto, "gobiernos de izquierda" les llama la prensa y se llaman ellos. No sé si resistirían un análisis riguroso como tales. Lo cierto es que el reacomodo político que hemos visto desde 2018 hasta 2022, yo diría, apunta a que se ha inclinado el péndulo político otra vez hacia una especie de marea rosa, como sucedió en la primera década del siglo. Pero con tres diferencias muy notorias respecto de la marea original. La primera diferencia es que ahora hay no una sino tres dictaduras de izquierda en el continente: Cuba, la clásica, Venezuela y Nicaragua. De manera que las dictaduras de izquierda han ganado terreno. El autoritarismo y el populismo también, como muestran la deriva de Bukele en El Salvador y la de López Obrador en México. La segunda diferencia es que estos nuevos gobiernos de izquierda llegan al poder con sus economías agotadas, sin un proyecto de crecimiento claro y con pocas posibilidades de tener otro *boom* de *commodities*, como en la primera década del siglo. La tercera diferencia es que México forma ya parte definida de ese eje que seguiremos llamando de izquierda, y está en la misma situación de no tener un proyecto de crecimiento, ni la expectativa de un *boom* petrolero como el que tuvo en los años ochenta del siglo pasado y en la primera década de este. El poco petróleo que le queda a México, dice el gobierno, lo va a dejar de exportar para refinarlo todo y ser autosuficiente en gasolina. Es un horizonte latinoamericano de fin de pandemia muy poco esperanzador.

Jorge G. Castañeda: Agregaría otra diferencia entre ambas mareas rosas. La primera marea tuvo a Bush como presidente de Estados Unidos, de 2001 hasta 2008. Bush no fue hostil a Lula, sí a Chávez, no a los otros presidentes. Los de la nueva marea rosa —López Obrador desde 2018, Fernández desde 2020, Perú y Bolivia desde 2021— tendrán los primeros cuatro años a un Biden que no es parte de la marea rosa pero no ve con malos ojos esta tendencia. Hay una cierta afinidad ideológica con ella, por lo menos en cuanto a temas como el estado de bienestar, el tamaño del Estado y su injerencia en la economía. Eso puede ser una diferencia muy grande, porque los gobiernos de izquierda democráticos no tendrán que estar peleando con la hostilidad o la indiferencia de Bush, sino que pueden encontrar algún apoyo en Washington. Por ejemplo, Alberto Fernández lo obtuvo para renegociar la deuda con el FMI. Parte del problema que tiene Fernández es que necesita el apoyo del accionista mayoritario del FMI para llegar a un acuerdo, porque es una negociación con el FMI, no con los bancos privados. No entiendo cuál es la lógica de estar aliándose con Nicaragua, Cuba y Venezuela cuando estás negociando el apoyo del accionista mayoritario de tu primer acreedor que es el FMI. ¿Para qué? Ayuda de memoria: el presidente Salvador Allende invita a la toma de protesta en 1970 a Juan Mari Bras, el líder del movimiento independentista de Puerto Rico. La independencia puertorriqueña había sido una gran bandera de toda la izquierda latinoamericana de los años sesenta. Al primer día, una cachetada a Nixon. ¿Qué necesidad tenía Allende de invitar a Juan Mari Bras a la toma de protesta? Hay un dilema con esta izquierda, digamos, democrática latinoamericana en su trato con Venezuela, Cuba y Nicaragua. No es sólo que deben definirse frente a ellos en materia de democracia, sino que su definición frente a ellos los define frente a Estados Unidos. El mejor ejemplo, repito, es Argentina, que está enfrascada en una negociación con el FMI que depende de Estados Unidos, y es inevitable que Estados Unidos se pregunte cuál es la postura argentina ante los temas críticos que ve en América Latina: Cuba, Nicaragua y Venezuela, para no hablar de China y de Rusia.

Aguilar Camín: De acuerdo, pero la verdad es que no vemos muy preocupado a Biden por acercarse a trabajar políticamente, a modelar o discutir el comportamiento de los países de América Latina. Lo vemos convocar a discutir temas que le interesan a él, como en la Cumbre de las Américas de junio. Pero no lo vemos perfilando algo como una nueva Alianza para el Progreso, un horizonte común de desarrollo económico y de reformas sociales para el continente americano. No le está yendo muy bien dentro del país ni en el resto del mundo. Y luego está la invasión de Ucrania, que le ha devuelto el liderato global de Occidente pero ha ocupado todo su tiempo. Quién sabe si tiene tiempo de mirar hacia América Latina más allá de lo que hay puesto en la mesa: contener la migración y seguir el catastrófico camino de la guerra contra las drogas, las dos cosas que han hecho los gobiernos americanos en América Latina desde Nixon. No se ve que vayamos a tener un gran aliado en el gobierno estadounidense de hoy.

Castañeda: Pero no un enemigo o una presencia recalcitrante.

Aguilar Camín: No será Reagan.

Castañeda: Ni siquiera Bush, aunque la relación de Bush con Lula fue muy buena.

Lagos: Y con Chile, hasta que no votamos en el Consejo de Seguridad por la invasión a Irak. A partir de entonces Bush me trató de presidente y yo lo traté de presidente, ya no fue nunca más George y Ricardo. Seis meses después de aquel Consejo de Seguridad, Bush dijo: "Hay que mandar tropas a Haití y yo las mandé en veinticuatro horas". Entonces Bush llamó para dar las gracias por aquello y le dije: "Pero, presidente, para qué se molestó". "No, Ricardo", me contestó y ahí pasamos de nuevo a ser Ricardo y George. Ahora, yo discrepo un poco de esta visión del regreso de la marea rosa. La marea rosa existía de mucho antes. Si me dicen que ahora hay una nueva marea rosa porque tenemos a Venezuela y Nicaragua en la posición que están, yo respondo que estaban en esa posición desde que entró Maduro y desde que Daniel Ortega asumió por segunda vez la magistratura: no la soltó nunca más. No hay tres gobernantes elegidos democráticamente que se unieron para la izquierda, han estado mucho tiempo ahí. No es sinónimo de marea. ¿Es sinónimo de marea Alberto Fernández? Pero si estaba antes de Néstor Kirchner y luego entre los Kirchner. La excepción en Argentina fue Mauricio Macri, lo demás es el lío de siempre, con el justicialismo en la política y con el FMI en la economía. Mi punto es que no hay una nueva marea, es lo mismo que teníamos. Lo nuevo es que Fernández derrotó a Macri. Pero eso no fue por la pandemia, ya estaba sembrado el cuento en el mal gobierno de Macri. Donde sí me parece que hay un restablecimiento es en Brasil, pero tiene que ver mucho más con Bolsonaro que con Lula. Bolsonaro estaba antes de la pandemia y se va a ir al tacho porque no creyó en la pandemia, como Trump. La pandemia te califica por cómo te comportas frente a ella, seas de izquierda o de derecha. Ahora se dice que va a volver Lula pero no sé qué Lula es éste, porque el primero era el radical, el segundo fue el de Cardoso. Cardoso y Lula volvieron a la década de los ochenta cuando combatían juntos a la dictadura militar. Tú podrías argumentar que el Lula que sucedió a Cardoso estaba más a la izquierda, y que el que viene es más demócrata. Nadie discute eso. ¿Pero eso significa ir hacia la marea rosa? No me lo parece. Tampoco era marea rosa la Concertación de Chile, que fue derrotada y ahora regresa en ciertas cosas con Boric. Lo de Cuba es un tema aparte, y lo de Venezuela y Nicaragua, como dictaduras de izquierda. Lo mismo que lo de El Salvador y Bukele, pero eso yo lo pondría en otra categoría, no es la izquierda. Eso va contra la democracia, que es distinto, aunque puedan dar razones de izquierda. Yo entiendo lo que se quiere decir con esto de la nueva marea, pero en realidad son respuestas a la evolución de cada país. El justicialismo argentino es un fenómeno muy claro de lo que quiero decir, va más allá de Perón y dura hasta hoy.

Aguilar Camín: De acuerdo, es una marea vieja. Pero hubo una interrupción, por pequeña que haya sido, de los gobiernos de la primera marea rosa. La derecha ganó en Chile y Piñera gobernó ocho años no consecutivos. Macri ganó en Argentina y desgobernó cuatro. Hubo un momento en que se interrumpió la hegemonía presidencial de Evo Morales en Bolivia y hubo un gobierno raro, pero que interrumpió el gobierno de izquierda en Bolivia. Hubo intentos fallidos de gobiernos de no izquierda en Perú. Terminaron todos mal. Ecuador se apartó también de la marea rosa. Y hubo la gran interrupción de la marea rosa en Brasil con Bolsonaro.

Castañeda: Y con el vicepresidente de Dilma Rousseff, Michel Temer, que la destituye y forma un gobierno más de centro derecha, de modo que la interrupción de la marea rosa brasileña son los cuatro años de Bolsonaro más los dos de Temer.

Aguilar Camín: Hubo intentos, fallidos todos si se quiere, de gobiernos que volvían al centro, porque no es que se estuvieran moviendo a la derecha. Y sobre esos gobiernos alternativos a la izquierda previa empezó un regreso de los antiguos actores de izquierda. Es verdad que todos estaban ahí desde antes, nunca se habían ido, porque eran parte sustantiva de la política en sus respectivos países. Pero con el triunfo de Petro en Colombia y el regreso de Lula en Brasil, volveremos a tener un horizonte latinoamericano mayoritario de gobiernos de izquierda, más las dictaduras de izquierda, más la dictadura en ciernes de El Salvador. Tendremos muy pocos gobiernos de centro izquierda o de centro derecha, como los de Uruguay y Costa Rica y Chile, países que por desgracia pesan poco en el conjunto del continente. Aunque ahora Costa Rica también cambió, al parecer más en el rumbo de Bukele, con Rodrigo Chávez. Hay un gobierno de centro derecha en Ecuador, vamos a ver cuánto dura. De modo que no es un regreso total de lo ido, sólo una nueva inclinación del continente hacia lo que se llama izquierda, con un cambio sustantivo que es López Obrador en México. López Obrador estuvo a punto de ser parte de la primera marea rosa en 2006, pero alcanzó el poder hasta 2018, en las vísperas de la segunda. La pandemia, cierto, no es el único factor que sacude a los gobiernos y que inclina la balanza. El factor subyacente mayor es el desgaste de los gobiernos, de izquierda o no. En México el ascenso de López Obrador tiene que ver con el desgaste del sistema de partidos previos, hundidos en el desprestigio de la corrupción. Si tuviéramos que enumerar tres rasgos ideológicos de esta segunda marea rosa, diríamos cosas que seguramente ya estaban en la primera, como dice Ricardo Lagos, y por tanto no hay mucho de nuevo en el nuevo mosaico. Salvo México, repito. Esos tres rasgos serían, primero, que el adversario ideológico elegido es el neoliberalismo; segundo, una desconfianza activa en la inversión privada, que quieren suplir con intervencionismo estatal; tercero, que no se sienten incómodos desde el punto de vista democrático en la compañía de Cuba, Venezuela o Nicaragua. O, para el caso, de China y de Rusia. La izquierda chilena y su nuevo presidente son la excepción en este panorama. Tampoco en esto hay mucho de nuevo. Chile suele ser la excepción virtuosa en la política democrática y en la política social del continente.

Castañeda: De acuerdo.

Lagos: En Chile todos le han dicho tanto a Maduro como a Ortega que son dictaduras, salvo el Partido Comunista, al que le cuesta más. Marea rosa o no marea rosa, aquí lo que le importa a la izquierda es decir: "No me cofundan con Maduro o con Ortega, ni con Castro".

Castañeda: Otro aspecto común que estamos empezando a ver es una idea anti extractivista, para usar el término que pusieron de moda los economistas Daron Acemoglu y James A. Robinson en *Por qué fracasan los países*; todos estos líderes —AMLO, el propio Boric, Castillo y Petro— son antiextractivistas. No quieren capitales privados en la industria extractiva, o de plano no quieren a las actividades extractivas. Quieren recuperar los recursos naturales para el pueblo, para la nación. Hay que gravar más a las industrias extractivas. Por cierto, pueden tener razón. No se trata de que estén necesariamente equivocados: gravar más, imponer más regulación en materia de medioambiente, de condiciones laborales, de legalidad, no extender más concesiones, no es necesariamente malo. Volvemos al tema del litio en Chile. Es también la discusión que hay hoy en México. López Obrador dice saber que hay enormes reservas de litio en México y dizque lo nacionalizó, para que no pueda haber concesiones privadas. No es un tema de enorme importancia en México porque no hay tanto litio, pero el enfoque anti extractivo está ahí, igual que con Alberto Fernández en el tema de Vaca Muerta. No sé qué vaya a hacer Lula en esa materia, pero me da la impresión de que tendrá un sesgo hacia las empresas estatales y una regulación mayor de la actividad extractiva privada en Brasil.

Ahora, creo que la manera de abordar este tema es problematizar la noción de marea rosa, en eso estoy totalmente de acuerdo con Ricardo Lagos. Hay que tomar en cuenta las características similares y las nuevas, y ver qué es lo que está ausente. Lo más interesante no es cómo se le llame a este nuevo grupo de gobiernos que se identifican entre sí, sino más bien advertir que carecen de un esquema de crecimiento, de estado de bienestar y del tipo de presencia internacional que podrían tener. Más allá de dos o tres lugares comunes sobre la integración, que nadie sabe qué quieren decir, la región no puede adoptar una postura común en los grandes temas internacionales porque los principales países no están de acuerdo entre ellos: en cambio climático, López Obrador se opone; en derechos humanos todos se oponen; en anticorrupción, tema de Biden en la Cumbre de las Américas, sí convergen, pero como todos tienen su propia cola, no es tan fácil.

De ahí tal vez lo que podríamos llamar el fracaso de la Cumbre. No se debió a las anécdotas nostálgicas y folclóricas de López Obrador, mediante su ausencia en defensa de las dictaduras, o de Alberto Fernández leyéndole la cartilla a Biden en su casa, sino a la falta de una voz unida de América Latina y, por lo tanto, de una agenda común. Algunos países se unieron al documento de Biden sobre migración, otros hablaron de democracia; pero las divisiones ya mencionadas, las ausencias, las ganas de pelear con Biden ante la galería contribuyeron a una cumbre que fue una oportunidad desperdiciada, no para Biden, sino para América Latina.

Quizá la manera en la que podemos plantear esto es diciendo que los cambios que hemos visto en estos años provienen, en primer lugar, de una reacción "antisalientes", como dirían en Estados Unidos: una votación contra los que estaban o están en el gobierno. Y como los que estaban o están eran más bien de centro derecha, la reacción fue hacia el otro lado, porque no podía ir a ninguna otra parte. Segundo, no todas las izquierdas son iguales: pertenecen a izquierdas muy diferentes los peronistas, los evistas, AMLO. Incluso las dictaduras son distintas: Maduro, Cuba, Nicaragua. Tercero, hay gobiernos que responden a características tradicionales latinoamericanas, como el justicialismo en

Argentina, y otras son hasta cierto punto nuevas, como el caso de AMLO en México. No había gobierno de izquierda en México desde los años treinta; o el caso de Colombia, donde nunca han tenido un gobierno que se autodesigne de izquierda o que adopte cierta retorica de izquierda.

Con las victorias de Boric y Petro, y el probable triunfo de Lula a fin de año, quizá convendría retomar la idea de dos izquierdas en América Latina, pero actualizada. Habría tres izquierdas hoy en día: las tres dictaduras (Cuba, Nicaragua y Venezuela); la izquierda globalizada, moderna, democrática, respetuosa de los derechos humanos, del medio ambiente y de los derechos de género (digamos, Boric, Lula —si retoma el camino de su primer periodo—, y en algunos aspectos Fernández y Petro); y la populista, estatista, autoritaria, antiimperialista (Luis Arce, Xiomara Castro, Castillo —en la medida en que sobreviva—, López Obrador, y en otros aspectos Fernández y Petro). La heterogeneidad de estas tres izquierdas dificulta la utilización de un término que lo abarque todo como la nueva marea rosa. Pero, al mismo tiempo, el claro giro hacia la izquierda, elección tras elección, obliga a reconocer una cierta tendencia constante, que no es puramente coyuntural.

Lagos: La calificación que hace Jorge Castañeda de la novedad de AMLO no le gustaría a Cuauhtémoc Cárdenas, porque el símbolo revolucionario de América Latina del año 38 fue Lázaro Cárdenas y sigue puesto en su lugar, y para demostración basta la presencia y el peso del propio Cuauhtémoc, su hijo.

Aguilar Camín: En los gobiernos mexicanos que lo sucedieron, Cárdenas fue cada vez más un símbolo retórico mientras el país se conducía por un camino distinto, hacia la industrialización y la convergencia económica con Estados Unidos, especialmente a partir de 1945, pero aún antes, en la colaboración de la guerra. Los gobiernos poscardenistas iban por otro camino, tratando incluso de desmontar las reformas de Cárdenas para crear una economía capitalista, industrial, de sustitución de importaciones, que dio muy buenos resultados en los años cincuenta y sesenta hasta que no dio más. Vinieron las crisis del 76 y del 82, y a partir de Miguel de la Madrid, en 1983, empezaron a liberalizar todavía más el modelo, en el sentido anticardenista, lo cual produjo en 1987 la escisión del PRI, encabezada precisamente por Cuauhtémoc Cárdenas. Ahí quedó claro que la herencia cardenista no era sólo retórica, era también parte sustantiva del priismo. Las elecciones del 88 dividieron al PRI y fundaron lo que sería después el PRD, la izquierda institucional opositora, bajo el liderato de Cuauhtémoc. Pero a partir de 1988 Salinas siguió aceleradamente el camino de la apertura hasta llegar al NAFTA, en 1994. Parecía que iba a salirse con la suya, pero las fracturas políticas acumuladas por sus reformas y el mal manejo de la situación económica le cobraron todas las cuentas en 1994, con el asesinato del candidato presidencial Luis Donaldo Colosio, y luego con una crisis de finanzas públicas como la de 1982, y aún peor. Ahí terminó la hegemonía política del PRI. En las elecciones de 2000, Fox echó al PRI de Los Pinos. El PRD y la izquierda siguieron ahí, Cuauhtémoc fue desplazado por AMLO, y luego AMLO fundó Morena para sacudirse al PRD, cuando éste pactó con Peña, a partir de 2012, otras reformas liberalizadoras o neoliberales, como prefieran, en el rumbo de las de Salinas. Finalmente, AMLO —venido de la vena priista poscardenista, anti neoliberal— ganó la presidencia en 2018 por la increíble frivolidad y la corrupción del presidente Peña y sus gobernadores. Cuauhtémoc está distante ahora de López Obrador pero el coordinador de asesores de la presidencia es el hijo de Cuauhtémoc, y su nombre es, nada menos, Lázaro Cárdenas.

Lagos: Bueno, pues ahí tienes el caso de los cambios en México: tienen razones políticas claras. También le podemos llamar mareas pero resulta un tanto mecánico. Esta mañana me vino a ver el nuevo embajador de Francia, recién llegado. Lo que más me repitió fue que la votación que habían obtenido Gabriel Boric y José Antonio Kast en la segunda vuelta presidencial era idéntica a la votación del plebiscito del 88. ¿Y qué quería decir con eso? Lo que han dicho montones de periodistas: que estamos de vuelta en el Chile de los dos polos. ¡No! ¡Es una simple coincidencia estadística! En el plebiscito el personaje a vencer se llamaba Pinochet. No me digan que el señor Kast, porque saca el mismo porcentaje, es igual a Pinochet. Con todo lo reaccionario que es Kast, no es lo mismo que Pinochet. ¿El triunfo de Boric es parte de la marea? No, se debe a que la derecha chilena en el gobierno no hizo la tarea. Vetó esto, vetó aquello. El país no aguantó la otra vuelta de tuerca como señalé que dijo un senador anteriormente. Y nos pasamos el año 2019 con la revolución de los enojados y hubo que llamar a una Convención Constituyente para darle a la explosión ciudadana una salida política. Lo que la pandemia evidenció es muy claro: no pueden seguir esos niveles de desigualdad. Nada de esto puede pasar sin tener consecuencias políticas. Determinadas instancias políticas se ven beneficiadas porque se agudizan las contradicciones; la gente dice: "Tengo más razones de ir a la calle a gritar". Pero los gobiernos que reaccionan mal a esta indignación pagan el malestar.

Castañeda: Dicho de otro modo, si la pandemia hubiera llegado en 2023 en vez del 2020, en las siguientes elecciones habrían triunfado puros gobiernos de derecha. Como había puros gobiernos de izquierda en América Latina a finales del 22 o principios del 23, y la reacción de la gente es votar en contra de los gobiernos que no estuvieron a la altura en su respuesta a la pandemia, perderían AMLO, Petro, Boric, Fernández, Lula. En la hipótesis del 2024, llevaríamos apenas un año de pandemia y con un pésimo resultado de dichos gobernantes, tendríamos una marea de derecha. Dio la casualidad de que la pandemia le tocó más a gobiernos de centro derecha y todos fueron perdiendo, no hay uno que haya repetido, ningún saliente ha sido reelecto, ni siquiera su partido. El único que tal vez repita es Bukele.

Aguilar Camín: Quitemos la palabra marea para no hacernos líos con ella. A partir del panorama real, de los gobiernos reales con los que América Latina termina la pandemia, podemos preguntarnos: ¿qué tan preparado está el continente para los pendientes que desnudó la pandemia, para enfrentar los problemas de crecimiento, los problemas de distribución de la riqueza, de reparación social de lo perdido en ingresos, empleos, en precarización social y lo que perdieron las mujeres? ¿Podemos construir un horizonte nuevo de gobernabilidad con seguridad social, una estabilidad política con estado de bienestar? ¿Podemos encontrar una forma inteligente de hablar con el mundo? Una de las cosas tremendas que nos pasó en esta pandemia es que todos nos volvimos a mirar el ombligo; quedó cada quien encerrado en sí mismo. Otro problema es cómo cambió la relación política de las sociedades con sus gobernantes. La capacidad de desgaste de las sociedades con respecto a sus gobiernos es infinitamente mayor de lo que era a principios del siglo. Hoy es posible que un gobierno con resultados mediocres pero razonables sea despedido como el peor que ha existido en el país. Es el caso de Peña Nieto en México, un presidente de resultados mediocres pero razonables, destruido por las debilidades de su gobierno, que fueron la corrupción y la frivolidad. Estas debilidades descalificaron por completo a un gobierno que había dejado algunas cosas bien encaminadas: un aeropuerto de clase mundial, una reforma educativa, una reforma energética.

El gobierno de AMLO se propuso destruir por igual lo bueno y lo malo que recibía. Y en muchas cosas tiró al bebé con el agua sucia de la bañera. Sus votantes le aplaudieron y él siguió barriendo al costo de una destrucción cuyas cuentas no hemos empezado a hacer y que hay que añadir a los costos de la pandemia. No me extrañaría que el entusiasmo que trajo a AMLO al poder se vuelva desencanto y rechazo al final de su gobierno. Pongo esto como ejemplo de la volatilidad política, de la rapidez con la que se cumplen los ciclos de ascenso y caída de los gobiernos. Y lo pienso hacia adelante: cualquiera que sea la capacidad de los nuevos gobiernos de América Latina, su relación con la sociedad va a ser ríspida, erosionante, muy crítica con los errores y poco generosa con los aciertos. Creo que ésa va a ser una de las debilidades genéricas de América Latina al salir de la pandemia: gobiernos sobreescrutados, mal financiados, fácilmente erosionables por su déficit de representación, por la rapidez de las demandas ciudadanas, por la impaciencia de la sociedad ante las repuestas lentas. La pandemia aceleró todo esto.

Castañeda: Eso es muy claro en el caso de Bolsonaro. Antes de la pandemia, Bolsonaro no iba especialmente bien en términos de popularidad. Pero tenía una posibilidad de reelección, ya que en Brasil llevan tres presidentes seguidos reelectos: Cardoso, Lula y Dilma. Enfrentaba problemas de corrupción, de parálisis de gobierno, un gobierno mediocre igual que el mexicano frente a la pandemia. Y el señor que tenía una aprobación de 50 o 45% se cae a 20 o 25% y se encuentra 20 puntos debajo de Lula en las encuestas. En una de esas Lula gana en primera vuelta, algo que no se ha producido en Brasil.

Aguilar Camín: Da lo mismo de qué color sean los gobiernos, van a ser débiles ante la dinámica de las exigencias innegociables de sus sociedades.

Lagos: Los efectos de la pandemia han sido devastadores. Como no existían vacunas para enfrentarla, hubo que volver a una solución del medioevo, la cuarentena. Nadie puede salir de su casa, lo que afecta la posibilidad de que las personas trabajen y si no lo hacen, no tienen cómo comprar lo que necesitan. Las personas tampoco pueden salir, especialmente las mujeres, porque tienen que cuidar a sus hijos o a sus padres. En promedio, América Latina tuvo una caída del 7.6% del PIB por habitante. Por cierto, es una cifra muy dispar a nivel de países: en algunos casos cae más de un 15%, en otros sólo un 5%. Por otro lado, la tasa de desempleo, que normalmente se usa para medir el mercado del trabajo, deja de servir para este propósito porque si no sales a buscar trabajo por la cuarentena no califica como desempleado. Los países han adoptado políticas de emergencia. Se han destinado muchos recursos. La desigualdad ha aumentado y los ingresos de los más pobres también han caído. La desigualdad venía cayendo desde el año 2000, también la pobreza. El índice de Gini había caído entre 2.2 y 1.5 entre 2000 y 2019. Sin embargo, la pandemia provocó que el Gini aumentara en tres puntos. La riqueza resiste los embates de la cuarentena. El patrimonio de los millonarios durante la pandemia aumentó. En América Latina existe, según informe reciente, 104 personas que tienen una riqueza superior a los mil millones de dólares. Son billonarios. Estas personas vieron aumentar su fortuna en un 11%. Los sistemas de salud de la región, con un financiamiento modesto e inadecuado, estaban mal preparados para lo que vino. Los sistemas de salud están fragmentados, no existe ni de lejos algo parecido al Sistema Nacional de Salud de los ingleses que surgió después de la Segunda Guerra Mundial. Michael Marmot, en un estudio publicado en 2006, dice que los peores resultados en materia de salud se producen a medida que empeora la situación socioeconómica de las personas. Esta crisis sanitaria, entonces, aumentó la brecha que existía. Esto afecta la capacidad de vacunación. Hacia finales de 2021, el 70% de la población latinoamericana no estaba vacunada como debía estarlo. Dos años después de la irrupción del covid todavía no teníamos la población completamente vacunada. Una vez que tuvimos la vacuna, Europa, que tiene el 13% de la población mundial, se ha llevado el 39% de las vacunas disponibles. Al 30 de diciembre de 2021 sólo el 59% (389 millones de latinoamericanos) tenían vacunación completa y 69 millones estaban a la espera de la segunda dosis. En suma, 28 de los 33 países no lograron vacunar al 70% de su población en 2021. Y no hemos sido capaces a nivel mundial de tener un lugar donde este tema se pueda discutir. Como dijo alguien, "nadie está seguro hasta que todos estemos seguros". Y éste es el desafío que tenemos para el futuro. Dónde discutiremos qué hacer en las próximas pandemias.

Aguilar Camín: Quisiera volver al tema de que la pandemia nos desnudó como países.

Lagos: Lo dijo el secretario general de la ONU, António Guterres, en un discurso muy dramático. Porque la pandemia significó para todos los que tenían que salir de sus casas a ver cómo se ganaban el pan de cada día que de repente estaban encerrados en su casa. Y encerrados en su casa, ¿cómo comen? El daño económico y social fue enorme. Y la medición de ese daño, particularmente en el sector informal, en las mujeres y en los jóvenes, debe ser la clave para pensar la reactivación, para decidir qué inversiones prioritarias hacer, cómo sacar mayor provecho y crear mayor empleo con las inversiones que hay que hacer forzosamente, sí o sí: inversiones en minería, en cambio climático para disminuir los gases de efecto invernadero, en la pequeña y mediana empresa, en programas especiales para las mujeres y los jóvenes. La pregunta es si podemos hacer un manual de cortapalos, fácil de medir, que diga: "Si usted invierte de esta manera, éstos van a ser los resultados".

Castañeda: La idea del desnudamiento es muy potente. La pandemia nos desnudó: no podemos seguir igual. Creo que Guterres tomó esta idea del famoso comentario de Warren Buffet a propósito de las crisis financieras. Cuando baja la marea, dijo Buffet, se ve quién trae traje de baño y quién anda desnudo. La pandemia mostró que todos estamos desnudos. La red de protección social y la capacidad de responder de los estados fueron muy menores de lo que se pensaba, en América Latina y en el mundo en general. Entonces yo creo que la tesis del desnudamiento es muy importante y hay que subrayarla. El problema es: ¿cómo se resuelve? Yo creo que hay dos elementos ahí: no se puede hacer nada si no se crece. Según las cifras de la CEPAL, América Latina va a crecer menos en 2022 que en 2021, y menos que el resto del mundo. Vamos a estar en un 2.5% de promedio para la región con México abajo del promedio. Entonces el primer problema es cómo crecer, porque sin crecimiento, lo otro no es posible. Pero el segundo aspecto, muy complicado también, es que hay un problema de diseño, de financiamiento y de estructura de la red de protección social. El caso más obvio, más visible, es el de la salud, pero cuando empiecen a salir los primeros resultados del Informe PISA de educación en América Latina van a ser catastróficos, en México, desde luego, y en todas partes.

Aguilar Camín: Salió una medición el año pasado que indicaba que la pérdida en México era el equivalente de año y medio en capacidades de lectura y aprendizaje. Es una catástrofe silenciosa porque las víctimas del asunto no saben lo que está pasando, lo saben muchos años después, cuando tocan al mercado de trabajo y no encuentran puertas para ellos.

Castañeda: El tema de la vivienda se conecta directamente con esto, y es otro aspecto que desnudó la pandemia. La vivienda que se ha entregado en muchísimos países en las últimas décadas es muy defectuosa. Consecuencia: durante la pandemia no había cómo aislar a un niño para que estudiara, suponiendo que tuviera conectividad. Pero tampoco había cómo aislar a un enfermo de los demás, porque son viviendas pequeñas, de 40 a 60 metros cuadrados en México, en Chile de veintitantos. No estuvo mal entregar la vivienda social que hemos entregado, era lo que había, pero obviamente no era funcional para los retos de estas nuevas sociedades urbanas. Lo mismo puede decirse de la conectividad. En la pandemia la conectividad se vuelve un bien tan básico como la educación, la salud, la vivienda. No es un lujo ni un plus, incluso es indispensable para hacerle a la gente las indicaciones de cómo responder ante la propia pandemia. Claro, la televisión ahora conecta a todo el mundo en América Latina, pero no tiene la misma eficacia que un mensaje que llega al celular, a la tablet, a la computadora personal, indicándole como usar el tapabocas, qué tipo de tapabocas, como quitárselo, a qué horas. La conectividad es fundamental y no es parte de nuestra red básica de bienestar social.

Aguilar Camín: De acuerdo. El reto que se plantea hacia el futuro inmediato para nuestros países es casi una ley de hierro de las cosas que hay que hacer. En primer lugar tiene que haber gobiernos capaces de generar inversión. De preferencia una inversión que cree empleos bien pagados, pero sin inversión que permita el crecimiento es imposible tener economías dinámicas que permitan dar el siguiente paso fundamental: distribuir la riqueza. Crecer, pero crecer distribuyendo. Para esto hay sólo dos cosas que se han inventado: empleos bien pagados y distribución universal de bienes públicos mediante el cobro de impuestos suficientes. Me gusta la propuesta fiscal del presidente Boric de subir un punto del PIB en impuestos al año. Parece no implicar una operación mayor, traumática, parecería asimilable con relativa facilidad por el aparato productivo, en particular por las empresas. Y al año siguiente otro punto. Cuando volteas, cambiaste la estructura impositiva de tu país en cuatro o cinco años. Ojalá se impusieran ideas así de prudentes y persuasivas. Pero vuelvo al tema: sin una economía en crecimiento no puedes plantearte una política de más impuestos, y sin más impuestos no puedes invertir en el sistema de seguridad social. Ahora bien, una vez que tienes el dinero, suponiendo que tienes el dinero porque has cobrado impuestos, necesitas una reingeniería de tus instituciones de seguridad social. Ahí vas a encontrar resistencias muy serias de las redes de intereses previos, sindicales, institucionales, burocráticos. En México es un problema casi como de guerra civil tratar de unificar o establecer convergencias entre el sistema del Seguro Social, que es para las empresas, y el ISSSTE, que es para los burócratas. Es decir, después de que tienes el dinero necesitas tener la reingeniería, la capacidad de rediseñar tu entramado institucional de bienestar social y añadir cosas que no están ahí, por ejemplo una política de discriminación positiva de género para devolverle a las mujeres lo que han perdido e impulsarlas a una posición mejor que aquella en la que estaban. Bueno, estas tres o cuatro "pequeñas" cosas —invertir, crecer, crear empleos bien pagados, cobrar impuestos, rediseñar tus instituciones— requieren poder, necesitan gobiernos poderosos, capaces de negociar los consensos o de ganar las mayorías. De manera que es un camino muy cuesta arriba, pero más vale tenerlo claro para no hacernos ilusiones. Porque acudimos a reuniones en que se habla de estado de bienestar, y la materia preferida de análisis son las carencias, las injusticias. Pero no se habla de inversión, de crecimiento, de empleos, de impuestos y de gobiernos con poder y con solvencia técnica operativa. En México hemos perdido una oportunidad histórica con López Obrador. Su gobierno hubiera tenido el poder para una reingeniería de todo el sistema de seguridad social a la manera de como lo plantea, digamos, Santiago Levy. López Obrador hubiera sido un presidente con poder suficiente para hacer eso, pero se fue a la esquina contraria, desperdició la oportunidad y además destruyó cosas en las que se había avanzado. De manera que no es un horizonte fácil ni mucho menos. Insisto en ello porque uno de los problemas que vamos a tener después de la pandemia son gobiernos, por una parte, más ideológicos y, por otra, más débiles, gobiernos fragmentarios, de mayorías frágiles, porque así está el reparto de los votos y de la representación de nuestras democracias. No son democracias que generan gobiernos fuertes, en cambio tenemos una sociedad que desgasta muy rápido a sus gobiernos, igual si hacen bien las cosas que si no.

Lagos: Bueno yo creo que el enfoque que haces retrata exactamente la situación en que nos encontramos ahora. Claro, el punto de partida de cada país es distinto. Estaba leyendo que en Estados Unidos estaban surgiendo dudas de hasta dónde se puede mantener el sistema de endeudamiento público establecido por Biden. Ahí está el tema de cómo se va a financiar lo que viene hacia delante incluso en Estados Unidos. Ahora creo que las carencias que ha puesto de manifiesto la crisis obligan a entregar recursos para satisfacer las carencias. ¿Pero esos recursos se erogan con cargo a qué? ¿Con cargo al futuro? ¿Cómo se van a pagar? Si estamos creando gasto permanente debemos tener ingresos permanentes. En Chile dicen que está subiendo el precio del cobre. Eso es muy importante, pero el precio de cobre sube y baja. Para el largo plazo, hay que pensar en recursos más estables y permanentes. Eso no es fácil de explicar a la ciudadanía, pero en eso consiste ser gobierno. Yo siempre digo que lo más importante de un presidente no aparece en la Constitución. El presidente es el primer comunicador de un país y más vale que use esa condición y explique.

Castañeda: En materia de impuestos hay el principio de una nueva realidad global interesante para nuestros países. No es posible atender los reclamos y las demandas sociales en América Latina, con la posible excepción de Brasil, sin una reforma fiscal significativa que eleve la carga a los niveles que dice, por ejemplo, el presidente Boric en Chile. Él pretende una elevación de la carga fiscal de cinco puntos, muy importante, sobre todo frente a una base muy pequeña. La base chilena es de alrededor de 18 a 20% del PIB; aumentar cinco puntos en cuatro años, es un aumento de 25%: una meta muy ambiciosa. Lo fundamental de este anuncio de Boric es que está colocando en el centro de su programa el tema fiscal en el que hemos estado insistiendo en nuestras conversaciones. También debe cambiar la relación entre impuestos directos e indirectos. En el caso de Chile está sesgada a favor del IVA y contra el impuesto sobre la renta. El razonamiento que se suele utilizar con mucha frecuencia en América Latina para negarse a las reformas fiscales es que, si se hacen, los grandes empresarios, tanto personas físicas como personas morales, van a sacar su dinero y lo van a llevar a otras partes donde los impuestos sean más bajos. Lo harán como empresarios, es decir, invirtiendo en Perú como ha sido el caso en los últimos veinte años, porque las tasas impositivas eran menores, o sacando su dinero a paraísos fiscales como Panamá, Bahamas o Suiza. Pero hay el principio de una nueva realidad en esto. Los países de la OCDE venían discutiendo la creación de un impuesto mínimo internacional o universal. El mínimo era para países como Irlanda, para que no impulsaran una carrera hacia abajo para ver qué país gravaba menos, de tal suerte que las grandes empresas, sobre todo las tecnológicas, que pueden desplazar fácilmente sus operaciones y su contabilidad, no se establecieran en países de menores tasas impositivas, restándole de esa manera ingresos a los países sedes de esas grandes empresas, como Estados Unidos. Esta discusión empezó en la época de Obama pero no llegó a término porque Trump se opuso, paralizó las discusiones durante sus cuatro años. Al llegar Biden, de inmediato se retomaron las negociaciones. Habían avanzado mucho, aunque había una diferencia importante entre algunos europeos, sobre todo Francia, que querían un mínimo de 15%, y Estados Unidos planteaba 12%, mientras que Irlanda y Estonia se oponían al principio mismo. Inmediatamente Biden cambió la posición de Estados Unidos y en la reunión del G20 en Roma, se anunció ya el acuerdo por parte de los países miembros de la OCDE. Es decir, que lo suscriben formalmente cien países, por lo menos. Está en camino de hacerse. Lo importante es que por primera vez volvemos a algo que desde la época de François Mitterrand se llamaba el impuesto Tobin sobre las transacciones financieras internacionales. Piketty ha insistido mucho en esto en sus dos libros como algo absolutamente indispensable a nivel europeo e internacional y ahora tenemos por primera vez un elemento en este sentido. No es algo que vaya a entrar en vigor de inmediato, no sabemos qué tan importante va a ser como factor disuasivo ante una posible reforma fiscal en países como Chile, México, Argentina, Perú, pero por lo menos, tiene el mérito de existir.

Lagos: Lo novedoso no es que tú le cobras a la empresa que tiene utilidades y la empresa lo manda a los paraísos fiscales o quién sabe a dónde. La novedad aquí es que se paga en Chile un 15% sobre las utilidades que obtiene Facebook por las transacciones que la gente hace en Chile a través de Facebook. Las empresas multinacionales obtienen sus ingresos en distintos países. Entonces lo que se grava con el 15% es lo que vendió la empresa en cada país. Repito: no se le cobra a la empresa Facebook lo que ganó en todo el mundo, sino lo que ganó en el lugar donde se produjo la renta. Esto es un cambio copernicano. Porque antes las empresas declaraban en Irlanda y tenían la tasa impositiva más baja del mundo o llevaban sus ingresos a un paraíso fiscal y no pagaban nada. Ahora quien tiene que mandar la plata a Chile es el señor Facebook por lo que está ganando en Chile.

Castañeda: Pero si Facebook quiere radicar una porcentaje anormal de sus ganancias mundiales en Chile, nadie se va a meter a discutir si realmente obtuvo esas ganancias en Chile o sólo las transfirió. Igual tiene que pagar un mínimo de 15% en Chile y punto, independientemente que sea por motivos de transferencia de precios o porque tuvo una enorme actividad en Chile.

Aguilar Camín: Entre más globalizado el país, mayor la renta fiscal que obtendrá mediante este mecanismo.

Castañeda: Eso vale para cualquier empresa transnacional. Para la Coca-Cola y para General Motors, pero también vale para la empresa chilena de *retail* Falabella, que hizo grandes inversiones en Perú. Tiene que pagar impuestos en Perú. Antes Falabella podía decir: "Si hacen una reforma fiscal en Chile y me aumentan las tasas, me voy a Perú a pagar impuestos". Pero ahí también vas a tener que pagar un mínimo de 15%. Entonces lo va a pensar dos veces si quiere ir a Perú. No sé si el presidente Boric esté tomando esto en cuenta, pero el hecho que plantee tan claro cinco puntos de aumento de las tasas en sus cinco años es algo muy novedoso en América Latina, muy valiente.

Lagos: Chile ha mantenido por más de veinte años el mismo porcentaje de ingresos fiscales en 20% del PIB. Y todos los países, a medida que van creciendo, van aumentado su participación de ingresos fiscales. Porque la sociedad está demandando mayores bienes públicos al Estado. En Chile es el 20%, pero un 50% de ese 20% lo paga el IVA, o sea lo pagamos todos los chilenos, de capitán a paje. No necesito explicar lo que los pobres de solemnidad gastan en comprar para comer y un par de zapatos o vestuario, todo eso paga IVA. O sea, el más modesto de los trabajadores en la práctica paga un 19% de sus ingreso al fisco, porque esa es la tasa del IVA en Chile. Por eso yo he sugerido que se puede devolver a los más pobres, por lo injusto que resulta que paguen un 19% de impuestos. Actualmente en Chile el gobierno está planteando una reforma tributaria para poder aumentar los ingresos fiscales.

Aguilar Camín: Es un impuesto muy regresivo. De ahí la idea de devolver una cantidad fija de dinero en efectivo a toda la población que paga IVA, de modo a los pobres les devuelves en efectivo más de lo que el impuesto les quita. Pero es una cosa difícil de explicar y nadie la cree. Sigue primando en la discusión del rechazo al IVA el carácter regresivo del impuesto.

Lagos: La reacción de los empresarios a la propuesta del presidente Boric la dio su presidente, Juan Sutil, y no fue muy sutil sino bastante claro. Dijo: "Bueno, si es indispensable que el Estado tenga más ingresos, nosotros haremos la pega". Así dijo: "haremos la pega", es decir lo asumimos nosotros. Es una buena noticia para los chilenos, porque los empresarios invierten el 80% de lo que se invierte en Chile. De modo que si los empresarios, que representan el 80% de la inversión chilena, van a asumir una parte proporcional de los impuestos, no está mal, porque ahora, como digo, el 50% lo pagan todos los chilenos a través del IVA, y el otro 50% se paga por el impuesto a la renta de las personas, con el atenuante de que cuando usted recibe dividendos de las empresas, eso no está gravado, porque la empresa ya pagó el impuesto.

Esto es para que no se pague dos veces impuestos. Es un sistema integrado. A mí me parece un poco injusto, porque yo argumento algo distinto: las empresas son personas jurídicas que demandan al Estado muchas cosas, un sistema judicial, policías que los cuiden, etcétera. En consecuencia: la empresa paga por lo que ella demanda. Pero cuando hay un sistema integrado, el capital en la práctica lo puede descontar.

Castañeda: Una de las cosas más interesantes que surgieron en la transición de los presidentes Piñera a Boric, fue la idea de que puede haber un mal mayor que pagar impuestos: una explosión social, un octubre del 2019 chileno. Lo dijo el presidente Boric: si no hacemos algo, habrá un nuevo estallido. Los empresarios parece que lo entendieron: la única manera de evitar un nuevo estallido es así. Parece interesante que el propio presidente Boric y los empresarios digan que no es un asunto solo de votos en el Congreso; a lo mejor se podrían obtener las mayorías necesarias para ello. Pero si no hay cierto consenso social de poderes facticos de la sociedad chilena, de los medios de comunicación, del ejército, no va a funcionar una reforma de esta envergadura.

Aguilar Camín: Se diría, a propósito de este impuesto mínimo internacional, que la globalidad vendrá esta vez en nuestra ayuda, y que le dará a nuestros países una fortaleza fiscal de la que carecen para tratar con sus empresas transnacionales. Esto me regresa a preguntarnos por el papel que jugará Estados Unidos en la América Latina que tenemos por delante. Hemos dicho mucho aquí que este gobierno de Estados Unidos podría ser un foco de irradiación hacia América Latina de una política social de amplio espectro. El de Biden se perfiló como un gobierno fundador, rooseveltiano, capaz de derramar su ejemplo hacia el resto del continente. Pero no es el caso todavía. Su oferta hacia nuestros países es muy pobre y distraída, mira a otros lados. Me pregunto: ¿qué es lo que América Latina puede esperar respecto de la irradiación de las políticas globales de Biden?

Castañeda: A propósito de Biden y de nuestro relativo optimismo en las primeras conversaciones, hay que decir que sin duda su gobierno trae un cambio paradigmático en Estados Unidos y por lo tanto en el mundo, hasta donde alcanza la influencia de ese país. Decisiones como el impuesto mínimo internacional, el aumento significativo del gasto público en infraestructura, reconstruir el estado de bienestar de Estados Unidos, mejorar la educación y la vivienda, la lucha contra lo que él llama el racismo sistémico en Estados Unidos, los temas migratorios, todas estas cosas son transcendentes en sí mismas. Han cambiado los paradigmas de discusión dentro de los países ricos, y dentro del llamado neoliberalismo o lo que antes se llamaba el Consenso de Washington. Si Biden trajo consigo este cambio, no es desde luego obra de Biden, sino de las luchas internas de Estados Unidos —culturales, raciales, ideológicas— que han llevado a grandes mayorías a ser favorables en la opinión pública para las reformas de Biden. Como ejemplos bastan el crédito fiscal para los niños, las guarderías infantiles universales y gratuitas, —la pandemia demostró que sin guarderías universales para niños las mamás no pueden ir al trabajo y sin que las mamás trabajen pues el ingreso de los hogares no alcanza—, el aumento propuesto por Biden del seguro del desempleo. Todo esto es parte de un cambio paradigmático. Al día de hoy, la presidencia de Biden, el cambio paradigmático y lo que ha representado en la sociedad norteamericana, parece acercarse más a una presidencia no bien lograda en lo internacional por la salida de Afganistán —aunque el buen manejo de la crisis de Ucrania lo ha fortalecido—, mal lograda por la falta de aprobación de sus grandes reformas, incluyendo las electorales, por la increíble escisión de la sociedad norteamericana, entre una minoría grande de unos 40 y pico por ciento —blancos sin educación universitaria en el centro del país, en los estados rurales alejados de las costas y que se oponen sistemáticamente a todos estos cambios— y una exigua mayoría social de las costas, de los latinos, los negros, asiáticos, las mujeres, los jóvenes y los varones blancos con educación superior. Son demócratas, pero, dado el sesgo representativo de la democracia norteamericana, no pueden transformar esa exigua mayoría social en una mayoría legislativa. Ahí es donde se encuentra Biden ahora.

Resulta interesante una anécdota que me contó alguien que estuvo presente en la reunión de AMLO con Biden en Washington. Cuando AMLO volvió a insistir, con toda razón, en el tema migratorio, Biden le contestó: "Imagínese usted que el inglés empezara a disputarle en muchas partes importantes de su país el primer lugar al castellano como idioma nacional. ¿Cómo se sentirían los mexicanos y usted si el inglés desplazara al español como idioma nacional? Pues entienda que eso es con lo que tengo que lidiar". El dilema es muy representativo: la mayoría son negros, latinos, asiáticos, mujeres, hombres, con educación superior pero es una mayoría pequeña y hay un 40% de gente que está aterrada. Si el 70% de los republicanos creen que Biden perdió y Trump ganó, son 70% del 40%. Pero siguen siendo muchos. Desde el punto de vista paradigmático e ideológico, el camino de Biden es muy importante e irradia globalmente, aunque sus realizaciones no estén a la altura de sus intenciones.

Lagos: Yo quisiera presentar un aspecto distinto. El presidente Biden descubrió de repente que no había habido reuniones hemisféricas desde cuatro o cinco años atrás. Y entonces convoca a una reunión hemisférica para mediados de 2022, que incluye a Canadá. Los temas de esa reunión son claves. Uno, cómo se fortalece la gobernanza democrática. Dos, qué políticas conducen a sociedades que tengan mayor equidad y mayor inclusión. Tres, cómo plantearnos globalmente un desarrollo sustentable que resuelva o ataje los daños del cambio climático. Si Estados Unidos quiere tomar estas tres banderas, los latinoamericanos deberíamos decir: "Nosotros también". Nosotros tendríamos que agregar la discusión del narcotráfico y la violencia, la legalización de las drogas y colocar estos temas en la agenda Porque el narcotráfico está siendo un tema terrible en nuestros países. Lo estamos viendo aquí en Chile. El narcotráfico entró aquí para lavar dinero, porque Chile era muy liberal para el manejo de capitales que entran y salen. Pero ahora estamos con los narcotraficantes dentro. El hecho es que el narcotráfico es un problema latinoamericano pero también es un problema global. Lo mismo que el problema migratorio, que sería el otro gran tema latinoamericano y al mismo tiempo global que discutir en una cumbre con Estados Unidos. La pregunta es: ¿se van a preparar los países de la región para presentar un par de temas comunes? ¿Cómo los hacemos prioritarios? Otro asunto clave es desde luego el económico. ¿Necesitamos algo equivalente a lo que fue aquella Alianza para el Progreso? Nuestra conversación con Estados Unidos es clave, pero no creo que estemos unidos ni muy preparados para eso. Porque, vale la pena insistir: los temas de Biden para la Cumbre de las Américas son claves: cómo fortalecer los sistemas democráticos, cómo favorecer la equidad, cómo garantizar el desarrollo sustentable y dar una respuesta al cambio climático. Juntos, esos temas constituyen una agenda para la izquierda democrática. Son una forma moderna de entender los sistemas democráticos y su sentido civilizatorio, porque un sistema democrático del siglo XXI debe buscar la equidad y hacerse cargo del problema de todos que es el cambio climático.

Aguilar Camín: Me parece que el problema del aislamiento de América Latina con el que comenzamos nuestra conversación, lejos de reducirse durante estos años de pandemia, se amplió. Ricardo Lagos en algún momento ha ido más allá, hasta la noción de que en estos años América Latina "desapareció del mapa". Le pregunto si podría ampliar esto.

Lagos: América Latina había logrado tener una cierta identidad, que coincidió con el fin de las dictaduras en la región y el retorno de la democracia. A eso siguió un periodo de auge del precio de las *commodities*, que permitió también una cierta mejoría económica. Las democracias recuperadas pudieron mostrar también una interesante promesa económica. Pero ahí empezaron los problemas, las divisiones ideológicas del continente. Cuando Argentina y Brasil recuperaron sus sistemas democráticos, estos dos países comenzaron una vinculación de la que surgió el llamado Grupo de Río, al que fueron entrando los otros países conforme salían de sus dictaduras. Hemos evocado mucho ese momento a lo largo de toda esta conversación, que ahora es un libro. Me acuerdo cuando en el año 85 Uruguay logra la democracia, elige a Sanguinetti y se incorpora al Grupo de Río. Cinco años después se incorpora Chile. Apareció luego el MERCOSUR y luego se estableció la posibilidad de tener reuniones cada dos o tres años entre los países de Europa y los países de América Latina, entendiendo las enormes diferencias que hay entre una Unión Europea, de institucionalidad muy madura, y una América Latina, sin madurez institucional. Acá, cuando fracasamos con una institución creamos inmediatamente otra sin preguntarnos por qué fracasamos en la anterior. En todo esto había un cierto entendimiento continental. Eso es lo que se fue perdiendo después. Porque las demandas de la democracia eran más complejas. Y porque algunos países pensaron que debíamos tener convergencias ideológicas para funcionar juntos. Esto es un principio político muy negativo, porque lo cierto es que en el ámbito internacional lo que los países buscan es lo que más les conviene. Lo importante no es tener convergencias ideológicas, sino tratar de pesar un poco más como región en el mundo. Esto exige tener finanzas relativamente ordenadas, porque el mundo vendrá a examinar nuestras finanzas. Exige tener instituciones jurídicas respetables para los sistemas democráticos, porque el mundo democrático vendrá a mirar nuestro Estado de derecho. Exige tener constituciones abiertas al desarrollo de políticas diversas, acordes con la realidad, no con la ideología, políticas públicas orientadas hacia soluciones de Estado y políticas públicas orientadas a soluciones de mercado. La mezcla de estas políticas es un tema de cada país, pero debemos concordar en puntos de vista comunes para incidir en lo que nos interesa cuando salimos al mundo, y decidir juntos con quién unirnos y para qué, aparte de las relaciones de cada país con los otros. Siempre me ha parecido, por ejemplo, que América Latina pesa un poco más en Iberoamérica si Portugal y España hablan por nosotros en España y Portugal, y viceversa, si nosotros hablamos por Portugal y por España en Latinoamérica. Esas entidades de relaciones entre los países de los que hablo ayudan mucho. Lo que ocurre ahora es que prácticamente lo único que aparece como una comunidad de Estados americanos es la CELAC, pero esto no conduce a un entendimiento hemisférico norte-sur. A mí me gustaría una América Latina que también hablara a partir del hemisferio, y cuando decimos hemisferio lo que quiero decir es que si incluimos a Estados Unidos y a Canadá en nuestra conversación, seremos un poco más escuchados. Eso sólo es posible, creo yo, si se hace con una perspectiva neutra desde el punto de vista ideológico. A través de las ideologías difícilmente vamos a avanzar en posiciones comunes. Esto a veces no se entiende y creo que es lamentable. Latinoamérica tiene ciertas identidades propias, no ideológicas, desde las que puede hablar con una sola voz. Si podemos hablar con una sola voz en los asuntos que nos tocan por igual, nos van a respetar un poco más. Ésa es la voz que no existe, que desapareció en América Latina. Ahora es cuando debemos crear esa sola voz.

30 de abril de 2022

Numeralia latinoamericana

I. DATOS ECONÓMICOS Y SOCIALES

• PRODUCTO INTERNO BRUTO
(TASAS ANUALES DE VARIACIÓN, PRECIOS CONSTANTES)

País	2012	2013	2014	2015	2016	2017	2018	2019	2020	2021*
Argentina	-1	2.4	-2.5	2.7	-2.1	2.8	-2.6	-2	-9.9	9.8
Bolivia	5.1	6.8	5.5	4.9	4.3	4.2	4.2	2.2	-8	5.2
Brasil	1.9	3	0.5	-3.5	-3.3	1.3	1.8	1.2	-3.9	4.7
Chile	5.3	4	1.8	2.3	1.7	1.2	3.7	0.9	-5.8	11.8
Colombia	3.9	5.1	4.5	3	2.1	1.4	2.6	3.3	-6.8	9.5
Costa Rica	4.9	2.5	3.5	3.7	4.2	4.2	2.6	2.3	-4.1	5.5
Ecuador	5.6	4.9	3.8	0.1	-1.2	2.4	1.3	0	-7.8	3.1
México	3.6	1.4	2.8	3.3	2.6	2.1	2.2	-0.2	-8.2	5.8
Paraguay	-0.7	8.3	5.3	3	4.3	4.8	3.2	-0.4	-0.6	4.6
Perú	6.1	5.9	2.4	3.3	4	2.5	4	2.2	-11	13.5
Uruguay	3.5	4.6	3.2	0.4	1.7	1.6	0.5	0.4	-5.9	3.9
Venezuela	5.6	1.3	-3.9	-6.2	-17	-15.7	-19.6	**	**	**
América Latina	2.8	2.9	1.1	-0.2	-1.2	1.1	1.1	0	-6.8	6.2

*Cifras preliminares / **No hay datos

Fuente: elaboración propia de acuerdo con www.cepal.org

• PIB PER CÁPITA

País	2012	2013	2014	2015	2016	2017	2018	2019	2020	2021*
Argentina	-2.1	1.3	-3.5	1.7	-3.1	1.8	-3.5	-2.9	-10.7	8.8
Bolivia	3.5	5.1	3.8	3.3	2,7	2.7	2.8	0.8	-10.1	3.8
Brasil	1	2.1	-0.4	-4.4	-4.1	0.5	1	0.1	-4.6	4
Chile	4.3	3	0.7	1.1	0.4	-0.2	2.3	-0.2	-0.6	11.2
Colombia	3	4.2	3.4	1.8	0.7	-0.2	1	1.9	-7.8	8.7
Costa Rica	3.7	1.3	2.4	2.5	3.1	3.1	1.6	1.3	-4.9	4.6
Ecuador	4.1	3.4	2.2	-1.5	-2.9	0.6	-0.5	-1.7	-9.2	1.7
México	2.2	0	1.5	2	1.4	0.9	1.1	-1.3	-9.1	4.7
Paraguay	-2.1	6.8	3.9	1.6	2.9	3.4	1.9	-1.7	-1.9	3.3
Perú	5.3	4.9	1.3	2	2.4	0.8	2.2	0.8	-12.2	12.2
Uruguay	3.2	4.3	2.9	0	1.3	1.3	0.1	0	-6.2	3.6
Venezuela	3.9	0.1	-4.7	-6.3	-16.4	-14.2	-18.2	**	**	**
América Latina	1.7	1.8	0.1	-1.3	-2.2	0.1	0.1	-0.9	-7.6	5.4

*Cifras preliminares / **No hay datos

Fuente: elaboración propia de acuerdo con www.cepal.org

• TASA DE PARTICIPACIÓN EN ACTIVIDAD ECONÓMICA POR SEXO Y EDAD EN AMÉRICA LATINA

Edad	Ambos sexos	Hombres	Mujeres
Total	62.7	76.5	50.2
15 a 24 años	46	56.6	35.2
25 a 34 años	78.1	92.4	64.8
35 a 44 años	80.9	94.9	68.7
45 a 59 años	74.8	91	60.7
60 y más	36.5	51.2	24.1

Fuente: Anuario Estadístico CEPAL, 2021.

• POBREZA Y DISTRIBUCIÓN DEL INGRESO EN AMÉRICA LATINA

Año	Extrema pobreza	Pobreza
2008	9.1	33.5
2010	8.7	31.6
2012	8.2	28.7
2014	7.8	27.8
2016	9.8	29.9
2018	10.4	29.8
2019	11.4	30.5
2020	13.1	33
2021	13.8	32.1*

*Los datos de 2021 son proyecciones tomadas del Panorama Social de América Latina, 2021.

Fuente: Anuario Estadístico CEPAL, 2021.

• POBREZA, EXTREMA POBREZA Y DISTRIBUCIÓN DEL INGRESO (2020)

País	Población en situación de pobreza	Población en situación de pobreza extrema	Índice de Gini
Argentina	34.3	6.3	0.378 - 0.422
Bolivia	32.3	13.5	0.423 - 0.465
Brasil	18.4	5.1	0.510 - 0.552
Chile	14.2	4.5	0.466 - 0.509
Colombia	39.8	19.2	0.510 - 0.552
Costa Rica	19.4	4	0.466 - 0.509
Ecuador	30.6	10.8	0.466 - 0.509
Paraguay	22.3	6	0.423 - 0.465
Perú	28.4	8.6	0.423 - 0.465
Uruguay	5	0.3	0.378 - 0.422
Venezuela	28.3	6.6	0.378 - 0.422
América Latina	33	13.1	0.423 - 0.465

Fuente: elaboración propia de acuerdo con Anuario Estadístico CEPAL, 2021.

• DISTRIBUCIÓN DEL INGRESO

País	2017	2020
Argentina	0.38	0.40
Bolivia	0.46	0.45
Brasil*	0.53	0.52
Chile	0.45	0.47
Colombia	0.51	0.55
Costa Rica	0.49	0.47
Ecuador	0.44	0.47
México	0.49	0.51
Paraguay	0.53	0.45
Perú	0.48	0.46
Uruguay	0.39	0.40
América Latina	0.46	0.46

*Datos correspondientes a 2019.

Fuente: CEPAL, Panorama Social de América Latina 2021.

• TASA DE DESOCUPACIÓN NACIONAL (TASAS ANUALES MEDIAS)

País	2013	2014	2015	2016	2017	2018	2019	2020	2020*	2021*
Argentina (conglomerados urbanos)	7.1	7.3	6.5	8.5	8.4	9.2	9.8	11.5	11.7	9.8
Bolivia	2.9	2.3	3.5	3.5	3.6	3.5	3.7	8.3	7.8	5.5
Brasil	7.2	6.9	0.86	11.6	12.8	12.4	12	13.8	13.6	13.9
Chile	6.1	6.5	6.3	6.7	7	7.4	7.2	10.8	10.9	9.4
Colombia	9	8.5	8.3	8.6	8.8	9.1	9.9	15.1	15.8	14
Costa Rica	9.4	9.6	9.6	9.5	9.1	10.3	11.8	19.6	19.5	17.4
Ecuador	3	3.4	3.6	4.5	3.8	3.5	3.8	6.2	6.9	4.7
México	4.9	4.9	4.3	3.9	3.4	3.3	3.5	4.4	4.5	4.3
Paraguay	5	6	5.4	6	6.1	6.2	6.6	7.7	7.9	7.7
Perú	4	3.7	3.5	4.2	4.1	3.9	3.9	7.7	7.8	6.1
Uruguay	6.5	6.6	7.5	7.8	7.9	8.3	8.9	10.1	10.2	10
Venezuela	7.8	7.2	7.1	7.3	7.3	7.3	6.8	**	**	**
América Latina y el Caribe	6.3	6.1	6.6	7.8	8.1	7.9	7.9	10.3	10.6	10

*De enero a septiembre / **No hay datos

Fuente: elaboración propia de acuerdo con www.cepal.org

• AMÉRICA LATINA: EVOLUCIÓN DEL PATRIMONIO DE LOS MILMILLONARIOS, 2019, 2020 Y 2021A (EN MILLONES DE DÓLARES DE 2021 Y PORCENTAJES)

País	2019	2020	2021	Variación 2019 - 2020	Variación 2020 - 2021	Variación 2019 - 2021
Argentina	12425	10635	15300	-14	44	23
Brasil	152204	120058	182400	-21	52	20
Chile	36550	26077	42700	-29	64	17
Colombia	17705	14010	17100	-21	22	-3
México	122281	103696	136100	-15	31	11
Perú	11597	11045	11400	-5	3	-2
Venezuela	3935	3477	3200	-12	-8	-19
Total	356696	288998	408200	-19	41	14

Fuente: elaboración propia de acuerdo con www.cepal.org

• ÍNDICE PRECIOS AL CONSUMIDOR (IPC)

País	2012	2013	2014	2015	2016	2017	2018	2019	2020	2021
Argentina**	10.8	10.9	23.9	27.5	38.5	25	47.1	52.9	34.1	51.7
Bolivia	4.5	6.5	5.2	3	4	2.7	1.5	1.5	0.7	1
Brasil	5.8	5.9	6.4	10.7	6.3	2.9	3.7	4.3	4.5	10.2
Chile	1.2	2.8	4.8	4.4	2.7	2.3	2.6	3	3	5.3
Colombia	2.4	1.9	3.7	6.8	5.7	4.1	3.1	3.8	1.6	4.5
Costa Rica	4.5	3.7	5.1	-0.8	0.8	2.6	2	1.5	0.9	2.1
Ecuador	4.2	2.7	3.7	3.4	1.1	-0.2	0.3	-0.1	-0.9	1.1
México	3.6	4	4.1	2.1	3.4	6.8	4.8	2.8	3.2	6
Paraguay	4	3.7	4.2	3.1	3.9	4.5	3.2	2.8	2.2	6.4
Perú	2.6	2.9	3.2	4.4	3.2	1.4	2.2	1.9	2	5.2
Uruguay	7.5	8.5	8.3	9.4	8.1	6.6	8	8.8	9.4	7.4
Venezuela	20.1	56.2	68.5	180.9	274.4	862.6	130060.2	9585.5	2959.8	1946
América Latina y el Caribe	4	4.1	4.4	5.6	4.1	3.6	3.2	3.1	3	6.4

*Cifras preliminares / **A partir del 2017 se efectúa un empalme con los datos correspondientes al Gran Buenos Aires, a fines de comparación interanual.

Fuente: elaboración propia de acuerdo con www.cepal.org

2. AMÉRICA LATINA Y CHINA

• COMPOSICIÓN DEL COMERCIO DE AMÉRICA LATINA CON ASIA

Exportación de América Latina a Asia			**Importación de América Latina desde Asia**		
Volumen comercial en mil millones de dólares	Proporción	Clasificación de Hanson	Volumen comercial en mil millones de dólares	Proporción	Clasificación de Hanson
64.8	35.80%	Industrias extractivas	173	60.60%	Maquinaria, electrónica, transporte
40.8	22.60%	Agricultura, carne y lácteos, mariscos	33.4	11.70%	Productos químicos, plásticos, caucho
27	15.00%	Alimentos, bebidas, tabaco, madera, papel	25.6	9.00%	Textiles, prendas de vestir, cuero, calzado
19	10.50%	Maquinaria, electrónica, transporte	19.7	6.90%	Otras industrias
16.9	9.40%	Hierro, acero y otros metales	19.3	6.80%	Hierro, acero y otros metales
4.7	2.60%	Productos químicos, plásticos, caucho	7.1	2.50%	Alimentos, bebidas, tabaco, madera, papel
4	2.20%	Textiles, prendas de vestir, cuero, calzado	4.4	1.60%	
3.5	1.90%	Otras industrias	2.9	1.00%	Agricultura, carne y lácteos, mariscos

Fuente: elaboración propia a partir de datos de Asian Infrastructure Investment Bank. *Asian Infrastructure Finance 2019* [en línea] https://www.aiib.org/en/news-events/asian-infrastructure-finance/index.html [consulta: 17 de diciembre 2021].

• PAÍSES CON MÁS PRESTAMOS DE ENTIDADES BANCARIAS COMERCIALES CHINAS (2012-2020)

País	Número de préstamos	Sector	Prestador
Argentina	16	Energía, infraestructura y minería	ICBC*, Bank of China
Brasil	8	Energía e infraestructura	ICBC, Bank of China, China Construction Bank, Bank of Comunications
Chile	4	Energía e infraestructura	ICBC, China Construction Bank, Bank of China
Ecuador	3	Energía e infraestructura	Bank of China, ICBC
Perú	3	Minería	ICBC, Bank of China
Colombia	3	Energía e infraestructura	ICBC, Bank of China

*Industrial and Commercial Bank of China.

Fuente: Elaboración propia a partir del trabajo de Margaret Myers, "China-Latin America Commercial Loans Tracker", *Washington: Inter-American Dialogue*, 2021 [en línea] https://www.thedialogue.org/map_list/ [consulta: 17 de diciembre 2021].

• PAÍSES CON ALTOS PRÉSTAMOS DE BANCOS DE PÓLIZAS CHINOS (2007-2021)

País	Número de préstamos	Sector	Prestador	Monto
Venezuela	17	Energía, minería, infraestructura, otros	CDB, Ex-Im Bank	$62.2 B
Brasil	12	Energía, infraestructura, otros	CDB, Ex-Im Bank	$29.7 B
Ecuador	15	Energía, infraestructura, otros	CDB, Ex-Im Bank	$18.4 B
Argentina	12	Energía, infraestructura, otros	CDB, Citic, ICBC, Ex-Im Bank	$17.1 B
Bolivia	10	Energía, infraestructura, minería, otros	Ex-Im Bank, CDB	$3.4 B

*Nota: China Development Bank (CDB) and China Export-Import Bank (Ex-Im Bank).

Fuente: elaboración propia a partir del trabajo de Gallagher, Kevin P. y Margaret Myers (2021) "China-Latin America Finance Database", *Washington: Inter-American Dialogue*, 2021 [en línea] https://www.thedialogue.org/map_list/ [consulta: 17 de diciembre 2021].

• VALORES DE EXPORTACIONES DE PAÍSES LATINOAMERICANOS HACIA CHINA (EN MILES DE DÓLARES)

País	2017	2018	2019
Argentina	4324962	4210929	6817852
Bolivia	463051	467904	403561
Brasil	47488450	64205647	63357520
Chile	18898528	25286938	22570637
Colombia	1999574	4056050	4564928
Ecuador	778767	1494317	2896831
Perú	11626233	13237194	13545988
Uruguay	1481337	1500441	2147303
Costa Rica	119116	198687	122060
México	6692720	7380208	6930325

Fuente: elaboración propia a partir de datos de World Integrated Trade Solution (WITS). China exportación. Valor del comercio (en miles de dólares). Mundo 2000-2019, 2021 [en línea] https://wits.worldbank.org/ [consulta: 17 de diciembre de 2021].

• VALORES DE IMPORTACIONES PROVENIENTES DE CHINA POR REGIÓN (EN MILES DE DÓLARES)

País	2017	2018	2019
Argentina	12314217	12072489	9258744
Bolivia	2060348	2096333	2126480
Brasil	27321495	34730024	35270816
Chile	15509223	17504355	16554805
Colombia	8754462	10544728	10966760
Ecuador	3683818	4352591	3837685
Perú	8861240	10065294	10265207
Uruguay	1693815	1678296	1309555
Costa Rica	2142616	2271148	2123512
México	74150192	83509998	83052433

Fuente: elaboración propia a partir de datos de World Integrated Trade Solution (WITS). China importación. Valor del comercio (en miles de dólares). Mundo 2000-2019, 2021 [en línea] https://wits.worldbank.org/ [consulta: 17 de diciembre de 2021].

• PAÍSES LATINOAMERICANOS MIEMBROS Y MIEMBROS POTENCIALES DEL ASIAN INFRASTRUCTURE INVESTMENT BANK (AIIB)

Miembros	Miembros potenciales
Argentina	Bolivia
Brasil	Perú
Chile	Venezuela
Ecuador	
Uruguay	

Fuente: elaboración propia a partir de datos de Asian Infrastructure Investment Bank (AIIB) [en línea] https://www.aiib.org/en/about-aiib/governance/members-of-bank/index.html [consulta: 17 de diciembre de 2021].

3. EL IMPACTO DE LA PANDEMIA

• TOTAL DE CONTAGIOS POR CORONAVIRUS (COVID-19)

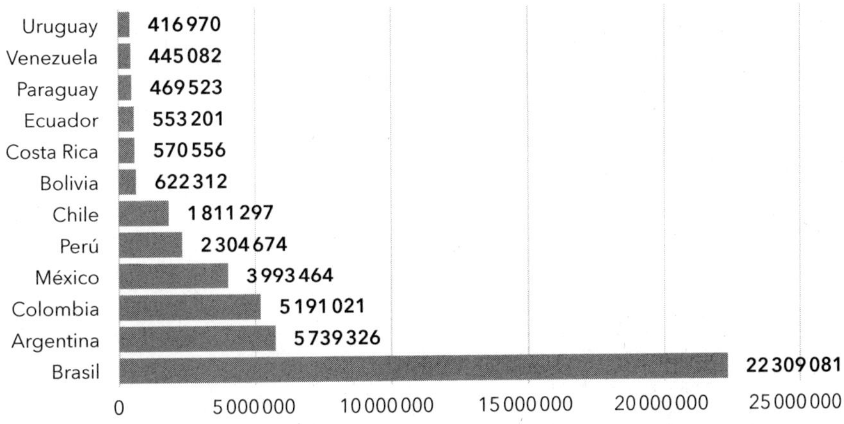

Fuente: elaboración propia a partir de datos de la Universidad Johns Hopkins (Baltimore, EE. UU.), autoridades locales. Coronavirus datos en detalle. Última actualización de cifras: 4 de enero de 2022 11:01 GMT [en línea] https://www.bbc.com/mundo/noticias-58436227 [consulta: 5 de enero de 2022].

• PROPORCIÓN DE MUERTES POR CORONAVIRUS (COVID-19) POR CADA CIEN MIL HABITANTES

	Muertes	Mortalidad	Total de casos
Brasil	619473	293.5	22309081
México	299581	234.8	3993464
Perú	202818	623.8	2304674
Colombia	130061	258.4	5191021
Argentina	117245	260.9	5739326
Chile	39173	206.7	1811297
Ecuador	33686	193.9	553201
Bolivia	19763	171.7	622312
Paraguay	16642	236.2	469523
Costa Rica	7353	145.7	570556
Uruguay	6177	178.4	416970
Venezuela	5335	18.7	445082

Fuente: elaboración propia a partir de datos de Universidad Johns Hopkins (Baltimore, EE. UU.), autoridades locales. Coronavirus datos en detalle. Última actualización de cifras: 4 de enero de 2022 11:01 GMT [en línea] https://www.bbc.com/mundo/noticias-58436227 [consulta: 5 de enero de 2022].

• PROPORCIÓN DE MUERTES POR CORONAVIRUS (COVID-19) POR CADA 100000 HABITANTES

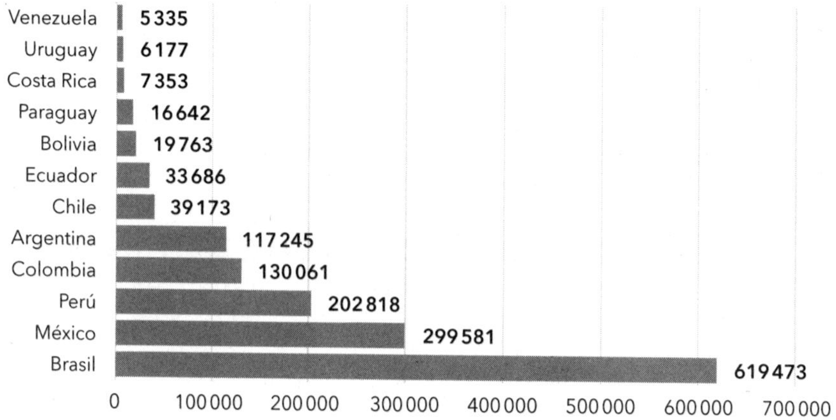

Fuente: elaboración propia a partir de datos de Universidad Johns Hopkins (Baltimore, EE. UU.), autoridades locales. Coronavirus datos en detalle. Última actualización de cifras: 4 de enero de 2022 11:01 GMT [en línea] https://www.bbc.com/mundo/noticias-58436227 [consulta: 5 de enero de 2022].

• PERSONAS VACUNADAS (%)

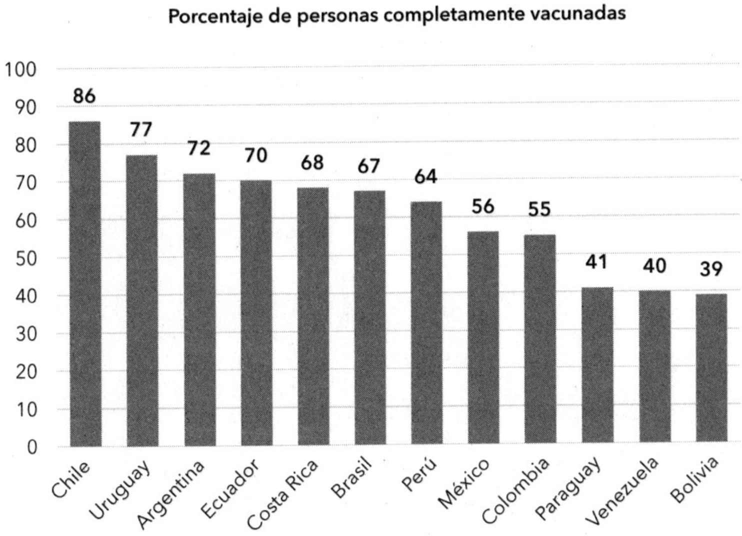

Fuente: Elaboración propia a partir de datos de Our World in Data. Coronavirus: Vacunación en el mundo. Última actualiación el 4 de enero de 2022. [en línea] https://www.bbc.com/mundo/noticias-58436227 [fecha de consulta el 5 de enero de 2022].

• REFUERZOS A LA VACUNA COVID-19 ADMINISTRADOS POR CADA CIEN PERSONAS

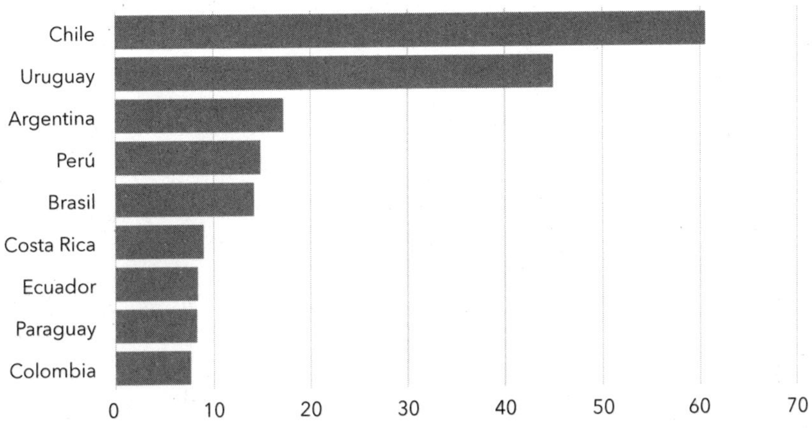

Fuente: elaboración propia a partir de datos de Our World in Data. Refuerzos de la vacuna covid-19 administrados por cada cien personas [en línea] https://ourworldindata.org/explorers/ [consulta el 12 de enero de 2022].

• MEDIDAS PROEMPLEO TOMADAS POR LOS PAÍSES LATINOAMERICANOS DURANTE LA PANDEMIA

País	Protección del empleo	Licencia de trabajo electiva	Reducción de horas de trabajo	Prohibición de despido de trabajo
Argentina	7	*	1	5
Bolivia	5	1	3	1
Brasil	16	1	2	1
Chile	9	*	*	*
Colombia	7	1	*	2
Costa Rica	9	*	2	*
Ecuador	3	*	2	*
México	4	*	*	*
Paraguay	2	1	2	*
Perú	9	*	*	*
Uruguay	8	*	*	*
Venezuela	3	1	1	1

*Datos no disponibles

Fuente: elaboración propia a partir de datos de Observatorio covid-19 en América Latina y el Caribe (CEPAL). Empleo [en línea] https://cepalstat-prod.cepal.org/geo/covid/?language=es [consulta: 5 de diciembre de 2021].

• MEDIDAS DE PROTECCIÓN SOCIAL TOMADAS POR LOS PAÍSES LATINOAMERICANOS DURANTE LA PANDEMIA

País	Transferencias de efectivo (nuevas transferencias, aumento de transferencias existentes, expansión de transferencias en efectivo a nuevos receptores, desembolso anticipado de transferencias)	Transferencias de alimentos/ transferencias en especie	Garantía de servicios básicos
Argentina	19	1	5
Bolivia	7	1	2
Brasil	8	3	4
Chile	19	3	1
Colombia	13	2	1
Costa Rica	9	2	2
Ecuador	2	2	1
México	3	*	*
Paraguay	8	3	3
Perú	13	1	1
Uruguay	4	4	1
Venezuela	1	*	1

*Datos no disponibles

Fuente: elaboración propia a partir de datos de Observatorio covid-19 en América Latina y el Caribe (CEPAL). Protección Social [en línea] https://cepalstat-prod.cepal.org/geo/covid/?language=es [consulta: 5 de diciembre de 2021].

• MEDIDAS EN SALUD TOMADAS
POR LOS PAÍSES LATINOAMERICANOS DURANTE LA PANDEMIA

País	Emergencia de salud	Cobertura obligatoria	Cuarentena obligatoria para viajeros extranjeros, casos confirmados o sospechosos	Cuarentena general obligatoria	Tipo de política para tomar un examen de detección (universal, reducida a ciertos grupos, etc.)	Expansión de cobertura para tomar exámenes de detección gratuitos
Argentina	2	1	1	4	2	2
Bolivia	1	1	*	*	*	*
Brasil	1	1	3	9	1	1
Chile	4	*	2	162	4	1
Colombia	7	1	1	10	2	1
Costa Rica	7	*	1	*	2	1
Ecuador	1	1	1	3	1	1
México	6	*	*	1	1	1
Paraguay	2	1	1	1	1	1
Perú	3	1	1	5	4	*
Uruguay	1	1	1	2	1	1
Venezuela	1	*	1	2	1	1

*Datos no disponibles

Fuente: elaboración propia a partir de datos de Observatorio covid-19 en América Latina y el Caribe (CEPAL). Salud [en línea]. https://cepalstat-prod.cepal.org/geo/covid/?language=es [consulta: 5 de diciembre de 2021]

• MEDIDAS ECONÓMICAS TOMADAS
POR LOS PAÍSES LATINOAMERICANOS DURANTE LA PANDEMIA

País	P. Fiscal	P. Monetaria	P. Empresarial	Restricción act. económica (incluye tiendas/ centros comer)	Controles de precios y cantidades	Estímulo Econ (incluye valor agregado de medidas fiscales y por separado de garantías crédito)	Regulación mercado de higiene personal y productos de limpieza	Alivio deuda y suspensión de pagos de crédito (individuo, micro-empresarios)
Argentina	10	2	23	1	9	31	1	15
Bolivia	15	1	7	1	1	*	*	3
Brasil	17	22	37	1	1	*	1	*
Chile	10	5	21	7	3	14	*	*
Colombia	17	12	39	7	2	4	5	1
Costa Rica	29	4	25	3	1	2	1	5
Ecuador	4	*	3	1	2	2	1	1
México	2	12	2	3	*	5	*	2
Paraguay	10	7	2	2	1	2	1	*
Perú	10	4	19	4	*	*	1	*
Uruguay	3	2	11	3	3	*	3	7
América Latina	2	1	4	1	3	*	*	1

*Datos no disponibles

Fuente: elaboración propia a partir de datos de Observatorio covid-19 en América Latina y el Caribe (CEPAL). Desplazamientos entre y dentro de los países [en línea]. https://cepalstat-prod.cepal.org/geo/covid/?language=es [consulta: 5 de diciembre de 2021].

4. Democracia

Porcentaje de la población que aprueba la democracia como mejor forma de gobierno

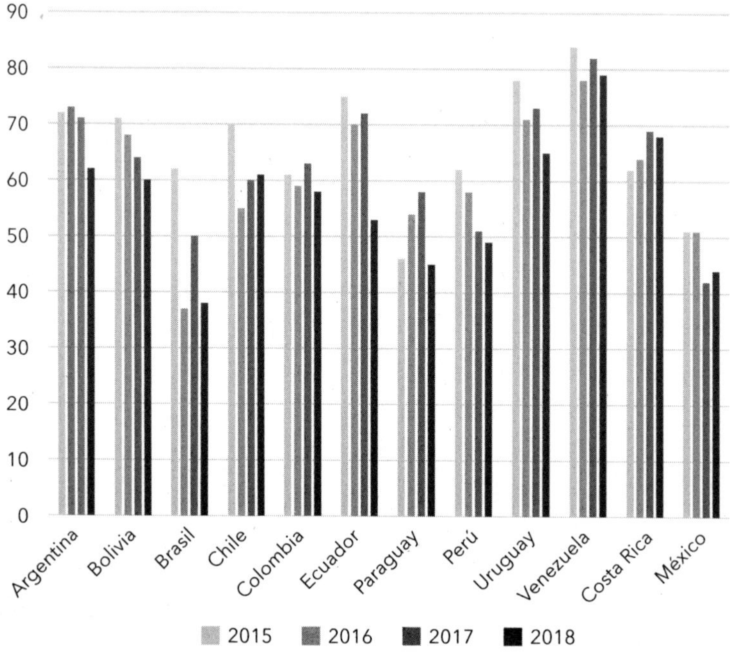

Fuente: elaboración propia a partir de datos de la Comisión Económica América Latina y el Caribe (cepal). Estadísticas e indicadores porcentaje de personas que creen que la democracia es la mejor forma de gobierno por sexo, 2021 [en línea] https://statistics.cepal.org/ [consulta: 5 de diciembre de 2021].

Porcentaje de participación electoral en las últimas elecciones parlamentarias

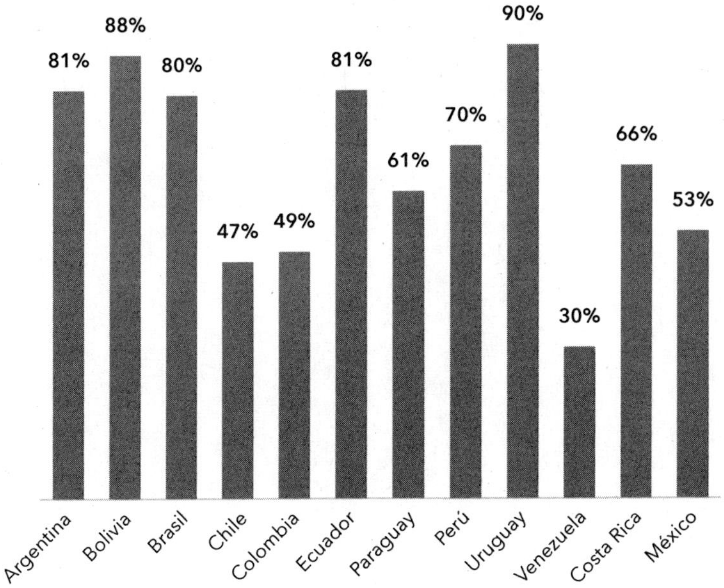

Fuente: elaboración propia a partir de datos de Institute for Democracy and Electoral Assistance (idea) Voter Turnout by Country - Parliamentary, 2021 [en línea] https://www.idea.int/data-tools/data/voter-turnout [consulta: 5 de diciembre de 2021].

Glosario de siglas

ALBA: Alianza Bolivariana para los Pueblos de Nuestra América
ALCA: Área de Libre Comercio de las Américas
AMLO: Andrés Manuel López Obrador
ASEAN: Asociación de Naciones del Sudeste Asiático (por sus siglas en inglés: Association of Southeast Asian Nations)
BID: Banco Interamericano de Desarrollo
CELAC: Comunidad de Estados Latinoamericanos y Caribeños
CEPAL: Comisión Económica para América Latina y el Caribe
COP: Conferencia de las Partes, o Conferencia de los Estados Signatarios (por sus siglas en inglés: Conference of the Parties)
FMI: Fondo Monetario Internacional
IVA: Impuesto sobre el valor añadido, o impuesto sobre el valor agregado
MERCOSUR: Mercado Común del Sur
NAFTA: Tratado de Libre Comercio de América del Norte (por sus siglas en inglés: North American Free Trade Agreement)
OCDE: Organización para la Cooperación y el Desarrollo Económicos
OEA: Organización de los Estados Americanos
OMC: Organización Mundial del Comercio
OMS: Organización Mundial de la Salud
ONU: Organización de las Naciones Unidas
OTAN: Organización del Tratado del Atlántico Norte

PDVSA: Petróleos de Venezuela, S. A.
PIB: Producto Interno Bruto
PISA: Programa Internacional para la Evaluación de Estudiantes (por sus siglas en inglés: Programme for International Student Assessment)
PNUD: Programa de las Naciones Unidas para el Desarrollo
PRD: Partido de la Revolución Democrática (México)
PRI: Partido Revolucionario Institucional (México)
PT: Partido de los Trabajadores (Brasil)
T-MEC: Tratado entre México, Estados Unidos y Canadá
TPP: Acuerdo de Asociación Transpacífico (por sus siglas en inglés: Trans-Pacific Partnership)
UE: Unión Europea
UNASUR: Unión de Naciones Suramericanas

Los autores

Ricardo Lagos

(Santiago de Chile, 1938), Presidente de la República de Chile entre los años 2000 y 2006, es abogado y doctor en Economía. Su trayectoria profesional se inicia como académico y funcionario de diversas organizaciones internacionales vinculadas a la ONU. Entre 1973 y 1989 fue un férreo opositor a la dictadura militar y fundó el Partido Por la Democracia.

En 2000 asumió como presidente de la República de Chile, desde donde encabezó procesos como la reforma constitucional; el perfeccionamiento del sistema de concesiones y, con ello, una mejora sustancial en la infraestructura del país; la creación de un sistema de salud que asegurara la oportuna atención conocido como AUGE y el impulso a importantes avances en materias de derechos humanos como el Informe Valech y la compensación a más de 30 mil víctimas de las violaciones a los derechos humanos durante la dictadura.

Tras el regreso a la democracia, fue uno de los líderes del proceso de transición, siendo ministro de Educación y de Obras Públicas. Luego de su mandato, fue Presidente del Club de Madrid, fundador del Consejo de Relaciones Internacionales de América Latina y el Caribe (RIAL), profesor invitado en la Universidad de Brown en Estados Unidos y enviado especial de las Naciones Unidas para el Cambio Climático. Actualmente es parte del grupo The Elders y Presidente de la Fundación Democracia y Desarrollo, de la cual es su fundador.

Jorge G. Castañeda

(Ciudad de México en 1953) fue secretario de Relaciones Exteriores de México y buscó ser candidato independiente a la Presidencia de la República. Ha sido profesor en la Universidad Nacional Autónoma de México y, actualmente, es catedrático en la Universidad de Nueva York. Es articulista de *Nexos* y colaborador de Foro TV y CNN, así como analista y comentarista en diversos programas de radio y televisión. Es miembro emérito de la Junta de Gobierno de Human Rights Watch, miembro de la American Academy of Arts and Science y de la American Philosophical Society.

Castañeda ha escrito más de veinte libros, entre los que se encuentran *Un futuro para México, Regreso al futuro* y *Una agenda para México,* con Héctor Aguilar Camín; *El narco, la guerra fallida* y *Los saldos del narco. El fracaso de una guerra* con Rubén Aguilar, y *La herencia. Arqueología de la sucesión presidencial en México, Amarres perros, Sólo Así. Por una agenda ciudadana independiente* y *Estados Unidos: en la intimidad y a la distancia.*

Héctor Aguilar Camín

(Chetumal, 1946) es una figura clave del mundo intelectual y literario de México. Su obra de ficción incluye las novelas *Morir en el Golfo* (1985), *La guerra de Galio* (1991), *El error de la luna* (1994), *Un soplo en el río* (1998), *El resplandor de la madera* (2000), *Las mujeres de Adriano* (2002), *La tragedia de Colosio* (2004), *La conspiración de la fortuna* (2005) y *La provincia perdida* (2007). Es autor de un libro de historia clásico sobre la Revolución: *La frontera nómada. Sonora y la Revolución Mexicana* (1977) y de una reflexión continua y lúcida sobre el país, cuyo último título es *Nocturno de la democracia mexicana* (Debate, 2019). Toda su obra reciente de ficción ha sido publicada en Literatura Random House: el volumen de relatos *Historias conversadas* (2019) y las novelas *Adiós a los padres* (2015), *Toda la vida* (2017), *Plagio* (2020) y *Fantasmas en el balcón* (2021).

La nueva soledad de América Latina
de Ricardo Lagos, Jorge G. Castañeda y Héctor Aguilar Camín
se terminó de imprimir en el mes de septiembre de 2022
en los talleres de Diversidad Gráfica S.A. de C.V.
Privada de Av. 11 #1 Col. El Vergel, Iztapalapa,
C.P. 09880, Ciudad de México.